ÉLECTIONS DE 1842.

ÉLECTEURS, QUE DEMANDEZ-VOUS!!.

Cum impii sumpserint principatum, gemet populus..... sed justi ruinas eorum videbunt. (PROV.)   E. M. L..... y.

EXTRAIT

de l'Hermine,

Journal des Intérêts de la Bretagne et de la Vendée.

IMPRIMERIE D'HÉRAULT, RUE DE GUÉRANDE, N° 3.
1842.

ÉLECTIONS DE 1842.

ÉLECTEURS, QUE DEMANDEZ-VOUS!!.

Pour les peuples, de même que pour les individus, il est des règles qu'on ne peut violer; des préceptes et des lois qu'on ne saurait détruire, et des barrières qui ne peuvent être renversées, sans qu'aussitôt ne surgissent de ces désordres graves, de ces ébranlements terribles, et de ces crises effrayantes qui frappent les imaginations les plus impétueuses, glacent les cœurs les plus ardents, et terrifient les courages les plus inébranlables et les plus audacieux. L'histoire de toutes les nations, jusqu'à ce qu'elles ne soient arrivées à l'époque de leur décadence, fournit à de lointains intervalles, de ces leçons providentielles dont rarement les gouvernements profitent, parce que trop souvent ils se laissent éblouir par les fausses apparences d'une force brutale qui leur inspire une sécurité trompeuse: comme si l'empire de la violence pouvait être éternel. Mais si ces hauts enseignements passent inaperçus pour les pouvoirs qui cherchent à s'aveugler, c'est pour les populations un motif de plus de surveiller attentivement la conduite de ceux qui les dirigent et qui sont chargés de leur avenir, si elles ne veulent s'exposer à ces tiraillements, à ces secousses, à ces catastrophes, précurseurs ordinaires de ces cataclysmes épouvantables qui abaissent ou anéantissent les états les plus florissants et les plus civilisés. Depuis un demi-siècle que nous marchons à l'aventure à travers les expérimentations les plus hasardeuses, détruisant la veille pour réédifier le lendemain, sans pouvoir indiquer avec justesse et précision le but réel où nous tentons d'arriver, il est temps enfin de faire un retour sur soi-même, et de poser aux électeurs, co-participants de la puissance souveraine, cette question que chacun s'adresse, et dont l'opportunité est incontestable :

Electeurs que demandez-vous !!..

A cette question, chacun s'empresse de répondre : « Nous » voulons le gouvernement représentatif dans toute sa » pureté, dans toute son extension naturelle et raisonnable, » dans toute sa loyauté. » Voilà la solution que chacun fournit, quelle que soit du reste sa couleur, à quelque opinion qu'il appartienne, quelles que soient ses convictions.

A merveille ! et ici nous supposons chacun de bonne foi, car ce n'est qu'aux hommes graves que nous voulons nous adresser ; vous avez un dogme, un principe qui vous est commun, une croyance uniforme et générale ; est-il donc maintenant si difficile de s'entendre ? En moral, vous le savez, quand deux philosophes veulent se comprendre, ils partent d'une maxime généralement admise, d'une proposition incontestable : en mathématiques et dans toutes les sciences exactes, on pose un axiôme, on en déduit des conséquences, on en fait ressortir des corollaires que tout esprit est obligé d'admettre, sous peine de passer pour puérile, inintelligent ou entêté : en logique, si deux dialecticiens veulent lutter de bonne foi, s'ils visent au triomphe de la vérité, si ce n'est pas un ridicule sentiment d'amour-propre qu'ils prétendent faire prédominer, comment agissent-ils ? Ils formulent une proposition, ils en discutent tous les termes, ils ne concèdent rien à la légère, et pèsent mûrement toutes les expressions : ce préliminaire établi, ils marchent en sûreté, s'avancent sans craindre l'erreur, et quoique parcourant peut-être des sentiers opposés, en raison de ce que leurs esprits n'éprouvent pas les mêmes impressions, ils finissent néanmoins par se rencontrer sur un terrein commun, parce que, partis du même point, et d'accord sur le sens des termes, il n'était pas possible que les conclusions fussent contradictoires.

Ce qui se fait en logique, en morale et pour les sciences exactes, ne se pourrait-il pas pratiquer en politique ? Voilà ce qu'il convient d'examiner, afin de savoir si les divergences dans les opinions sont sincères, ou si elles ne sont que le produit de la vanité, de l'intérêt personnel, ou d'une basse et cupide envie.

L'histoire nous apprend que chez tous les peuples hiérarchiquement constitués, et qui ont laissé de longs et durables souvenirs, la nation en corps était convoquée dans toutes les grandes circonstances, quand il s'agissait de prendre des mesures énergiques commandées par les besoins intérieurs et par les nécessités d'une modification importante dans la constitution : la Grèce, Rome, pourraient être étudiées avec soin ; leurs formes nous fourniraient des renseignements précieux, des modèles bons à suivre parfois. Mais ce n'étaient pas seulement les peuples instruits et civilisés qui avaient senti le besoin de mettre un frein au despotisme de quelque part qu'il pût venir ; au sein même de la Germanie, dont les populations ont démembré une partie de l'empire romain, ces formes tutélaires et protectrices étaient généralement admises, et le pouvoir des rois était loin d'y être arbitraire, comme nous l'apprend Tacite dans son énergique tableau des mœurs des Germains. « *Nec regibus infinita aut libera potestas.* » (§ 7.) Les chefs, c'est-à-dire, apparemment les représentants de la nation, décidaient les affaires de peu d'importance, mais toutes celles d'un intérêt grave, sérieux, universel, étaient portées à l'assemblée générale, qui en décidait souverainement, après s'être fait expliquer les motifs de la proposition. « *de minoribus rebus principes consulant, de majoribus omnes..... Si displicuit sententia, fremitu aspernantur; sin placuit, frameas concutiunt.* » (§ 11.)

Les Francs nos aïeux, que nous semblons vouloir rapetisser aujourd'hui, parce qu'ils auraient gémi sous un indigne servage, nous trouveraient peut-être bien misérables et bien avilis à cette heure, si leurs ombres pouvaient se ranimer au cri de la liberté : et pour ne citer ici qu'un seul trait de l'indépendance de nos pères, trait caractéristique, qui peut à lui seul révéler la différence des positions, nous rappelerons cet épisode de la vie de Clovis qui, voulant restituer à un évêque un vase sacré trouvé dans les dépouilles des Romains, après un pillage général, demandait, comme par grâce à ses soldats, qu'il ne fût point compris dans le partage ; un français regardant cette libéralité comme une entreprise sur le droit de l'armée, donna sur le vase un coup de sa hache d'arme, en disant fièrement au roi : Tu pourras disposer plus tard de ce que le sort t'accordera : *Nihil hinc accipies, nisi quœ tibi sors vera largitur.*

Il est donc certain qu'autrefois, des formes protectrices des lois fondamentales, des usages constants, reconnus et enracinés dans les mœurs, mettaient le sujet à l'abri de la tyrannie, et le pouvoir dans une dépendance légale qu'il ne pouvait secouer sans s'exposer à de cruelles déceptions. En France, ces institutions gouvernementales traversèrent ainsi les siècles sans s'altérer d'une manière grave et méconnaissable: elles subirent des modifications plus ou moins sensibles, comme toutes les créations humaines, mais le principe de la division des pouvoirs subsista toujours: L'un placé au-dessous de la loi, quoique marchant pour ainsi dire son égal, gardien sévère et vigilant de ses prescriptions, auxquelles personne ne pouvait impunément se soustraire: L'autre, semblant individuellement bien inférieur; mais placé collectivement au-dessus de lui, puisque la constitution ne pouvait être altérée ou modifiée qu'avec son concours.

Ces usages, qui s'allaient perdre dans la nuit des temps, se maintinrent ainsi jusques vers les premières années du XVIIe siècle, époque de la tenue des derniers états-généraux réguliers. A partir de ce moment, une lutte incessante s'éleva entre la monarchie, trop souvent représentée par un audacieux favoritisme, et les corps judiciaires, qui voulaient s'arroger des droits politiques et législatifs qui, originairement ne faisaient pas partie de leurs attributions. Ces luttes scandaleuses, soutenues parfois dans un but révolutionnaire, occasionnèrent des émeutes et des bouleversements; elles aigrirent peu à peu les esprits, et le mal qu'elles suscitèrent s'aggrava à tel point, qu'il fit éprouver le besoin de réunir encore la nation pour la consulter, et savoir d'elle quel pouvait être le remède à tant de maux. Malheureusement, les têtes étaient montées, les cœurs ulcérés, les croyances presque anéanties, et la mesure projetée, devenue même indispensable, devait précipiter le dénouement, et entraîner d'affreuses catastrophes. Mais enfin, puisqu'il est convenu de nos jours d'admettre comme un fait constant, quoiqu'il soit démenti par l'histoire, que c'est de 1789 seulement, que date notre ère constitutionnelle et libérale, reportons-nous au point de départ; voyons si depuis nous avons fait des progrès dans la voie de la liberté, si nous sommes restés stationnaires, ou, si par cas, nous avons rétrogradé; sachons, enfin, si du moins nous voulons reconquérir le terrain perdu à la suite de ces ébranlements qui ont secoué le monde comme si Dieu l'eût agité.

Louis XVI a résolu de convoquer la nation: son âme est douloureusement affectée à la vue des maux qui l'environnent; son esprit naturellement droit est effrayé de ce débordement général d'idées et de faux principes qui a rompu toutes les digues, et persuadé qu'un monarque ne peut rien à lui seul pour arrêter ce torrent qui menace de tout envahir dans son aveugle fureur, il éprouve le besoin de se jeter dans les bras de son peuple, en lui signalant le danger, pour en obtenir des lumières, et lui faire envisager l'abîme vers lequel on l'entraîne à son insu.

Toutefois, et pour convoquer la nation, il fallait étudier les formes; savoir comment on procéderait à cette convocation, après 175 ans d'interruption des états généraux, et après de grands changements survenus dans plusieurs parties essentielles de l'ordre public; il s'agissait en un mot de faire une de ces *lois d'élection* dont nous avons été si prodigues depuis 25 années. Dans cet embarras, dans cette perplexité, que fera le pouvoir, qui s'honore et qui respecte ceux qui sont dans sa dépendance? Il consultera tous les corps constitués, toutes les notabilités, tous les hommes éclairés et sérieux qui pourront lui indiquer une voie sûre et sans périls, et, « si dans quelques-unes des assemblées qui se » réuniront à cet effet, il y avait diversité d'avis, l'inten- » tion de Sa Majesté, (disait l'arrêt du conseil-d'état du 5 » juillet 1788), est que les avis différents soient énoncés avec » les raisons sur lesquelles chacun pourrait être appuyé; » tout député desdites assemblées étant même autorisé à » joindre au mémoire général de l'assemblée tous mémoires » particuliers en faveur de l'avis qu'il aura adopté. » Par suite, et le roi n'osant pas prendre sur lui de poser les bases d'une loi électorale, les notables furent convoqués, et il fut décidé d'un commun accord, que le nombre des députés serait porté à mille, choisis, 250 par la noblesse, autant par le clergé, (car on ne croyait pas encore que la conscience et la religion fussent choses indifférentes ou secondaires), et cinq cents par le tiers état: mais ce que cette ordonnance royale, constitutive d'une charte nouvelle qui la distingue de toutes ces constitutions prétendues libérales qui l'ont suivie, renferme de saillant et de remarquable, c'est la concession du droit électif accordé à tous ceux qui possèdent, qui paient l'impôt, qui ont intérêt à conserver, et qui par conséquent éprouvent le besoin de manifester leurs désirs. Ainsi, disait l'article 24 de ce réglement du 24 janvier 1789, « tous les habitants âgés de 25 ans, composant le tiers état » des villes, ainsi que ceux des bourgs, ayant un *rôle* » *séparé d'impositions*, seront tenus de s'assembler à l'effet » de rédiger le cahier de leurs plaintes et doléances, et de » nommer des députés pour porter ledit cahier aux lieux » indiqués. » Et, voyez cette sage gradation, appropriée aux besoins particuliers et généraux: » Les corporations » d'arts et métiers choisiront un député, à raison de cent

» individus présents à l'assemblée; les corporations d'arts
» libéraux (comme présentant plus de garanties), celles de
» négociants, armateurs et généralement tous les autres
» citoyens formant des corps constitués autorisés, nomme-
» ront deux députés, à raison de cent, (art. 26) etc. » Du
reste, les bornes que nous nous sommes imposées ne nous
permettant pas de plus amples citations, nécessaires cependant pour bien faire apprécier l'étendue des concessions qui
étaient faites aux esprits raisonnables, et amis d'une liberté
sage et réfléchie, nous renvoyons au texte même de l'ordonnance ceux qui seraient curieux de connaître l'incommensurable distance qui nous sépare de cette époque tant
décriée: mais, en achevant cette première partie, nous ne
pouvons résister au désir de faire connaître aux lecteurs
que n'aveugle pas l'esprit de parti, le préambule de cette
loi fondamentale; où le bon Louis XVI révélait son cœur
avec une effusion de sentiments auxquels nous ne sommes
plus habitués depuis long-temps: en voici le texte:

« Le roi, en adressant aux diverses provinces soumises à
» son obéissance, des lettres de convocation pour les états
» généraux, a voulu que *ses sujets fussent tous appelés* à
» concourir aux élections des députés; Sa Majesté a désiré
» que des extrémités de son royaume et des habitations les
» moins connues, *chacun fût assuré de faire parvenir jus-*
» *qu'à elle ses vœux et ses réclamations;* Sa Majesté ne peut
» souvent atteindre *que par son amour* à cette partie de
» ses peuples, que l'étendue de son royaume et l'appareil
» du trône semblent éloigner d'elle, et qui, hors de la
» portée de ses regards, se fie néanmoins à la protection
» de sa justice et aux soins prévoyants de sa bonté: Sa
» Majesté a donc reconnu, qu'au moyen des ASSEMBLÉES
» GRADUELLES, elle aurait une sorte de communication avec
» tous les habitants de son royaume, et qu'elle se rappro-
» cherait de leurs besoins et de leurs vœux d'une manière
» plus sûre et plus immédiate, en conséquence, etc... »

Quel admirable langage! Comme le cœur s'épanche et
comme il est facile de saisir tout ce qu'il y a de paternel
et d'affectueux dans cet abandon royal! C'est le bon pasteur
veillant avec une inquiète sollicitude, et désirant connaître
tous les besoins, tous les désirs de ceux qui ont été confiés
à sa garde. De nos jours, il est vrai, on veille avec une
égale vigilance; mais c'est pour atteindre jusqu'à l'obole
du pauvre habitant des chaumières: on veut tout savoir et
tout connaître; mais c'est pour exercer une surveillance
plus active, afin de faire rendre à l'impôt tout ce qu'il
peut produire: on essaie de pénétrer jusqu'au centre de la

famille, jusqu'aux lieux les plus secrets de l'habitation; mais
on a pris le soin de nous en révéler le motif, c'est afin que les
charges soient réparties d'une manière plus équitable et plus
uniforme : c'est-à-dire, afin que personne n'échappe à l'œil
vigilant du fisc, et que les gens comme les choses contribuent aux charges publiques. Aimable sollicitude, comme
elle dénote le progrès! Comme elle révèle la perfection! et
combien elle prouve aux moins éclairés que nous marchons
dans des voies indéfinies d'amélioration financière ! Il paraît
donc certain que depuis un demi-siècle, si nous avons mar-
ché, c'est en arrière : et, pour nous, il nous semble que nous
sommes loin du point de départ, et plus éloignés encore du
but que nous nous proposions d'atteindre.

Or donc, je vous demanderai de nouveau : Électeurs,
que voulez-vous? 1.º Est-ce la liberté électorale ? En
1789, la nation toute entière, c'est-à-dire tout citoyen qui
possédait quelque chose, et qui, à ce titre, contribuait aux
charges de l'état, donnait sa voix dans les élections, et
ses vœux étaient examinés, des cahiers étaient dressés,
des mandats étaient formulés, et les représentants de la
nation, suffisamment éclairés sur les besoins de leurs
commettants, pouvaient ensuite délibérer, approfondir les
questions, faire toutes les concessions qu'exigeaient les
nécessités de l'état, ou le bien être général.

A cette heure, le pays dont la population s'est accrue
d'un tiers, est représenté par 459 députés, élus par deux
cent mille électeurs. Les corporations, les corps constitués,
n'ont plus la faculté de s'assembler pour délibérer en
commun sur leurs intérêts privatifs; ils ne peuvent plus
s'entendre au préalable sur le choix de l'homme qui sera
chargé de soutenir leur cause; des réunions nombreuses
seraient suspectes, les pensées qu'on y mettrait au jour,
pourraient être dénoncées, poursuivies et condamnées, le
seul fait de s'être trouvé avec plus de vingt personnes
dans un lieu public, à l'effet d'y délibérer sur des questions
d'ordre et de politique, pourrait être déclaré une infrac-
tion à la loi, et entraîner une sévère punition. (Code pénal
291.) Mais alors quel choix pourra-t-on faire? Comment
connaîtra-t-on son mandataire? Et par quels moyens le
candidat pourra-t-il se mettre en relations avec ses commettants, afin d'apprécier leur souffrances et leurs vœux?
Les relations ne pouvant être qu'individuelles et non col-
lectives; il arrivera parfois que le député ne représentera
que la minorité de l'opinion qui l'aura choisi. Dès lors pas
d'homogénéité, pas d'ensemble; partant, point de confiance
et point de franchise. Autrefois, les vœux étaient publi-

quement exprimés, des commissaires étaient nommés à l'effet de rédiger les cahiers qui devaient être remis aux représentants; l'assemblée de l'ordre les arrêtait définitivement, et néanmoins, les pouvoirs conférés aux députés étaient généraux et suffisants pour proposer, remontrer, aviser et consentir, ainsi que s'en exprimait la loi (art. 45) Dans cet ordre de choses, l'électeur jouait un rôle sérieux; il avait une part réelle de la puissance législative, et on n'en était pas encore arrivé à ce dérisoire perfectionnement, de ne lui laisser d'autres moyens de communiquer avec ses représentants, qu'à l'aide d'une pétition qui est rapportée ou enfouie dans les cartons, suivant qu'il plaît à nos honorables, ou sur laquelle on passe à l'ordre du jour sans plus s'enquérir de son utilité que si elle concernait les Cafres ou les Hottentots. D'un autre côté, l'élu représentait véritablement ses électeurs, en même temps qu'il avait mission de défendre les intérêts généraux, puisque ses pouvoirs lui laissaient la faculté d'agir suivant les circonstances, proposant, remontrant, avisant ou consentant : tandis que, de nos jours, l'élu se représente lui et sa famille, aussi tous les postes élevés sont-ils son partage et celui de ses parents ou de ses créatures; alors qu'il réserve quelques bureaux de postes ou de tabac, quelques perceptions pour l'électeur bien pensant, comme on est convenu de désigner aujourd'hui ces pâtes molles qui fléchissent à la première impression, qui tournent au plus léger vent. Si c'est là le perfectionnement, la conquête dont vous vous énorgueillissez, il nous semble que vous êtes de facile composition, car beaucoup d'autres trouveraient que le privilége s'est singulièrement amoindri.

2° Électeurs, voulez-vous donc des franchises, de l'indépendance; et si le malheur des temps, si les exigences de la société vous forcent à courber le front sous la pesanteur du joug; si vous êtes contraints de sacrifier le fruit de vos sueurs aux nécessités fiscales, éprouvez-vous au moins comme compensation, le besoin de dresser la tête en face de l'étranger? Voulez-vous repousser l'opprobre, et ne pas déchoir aux yeux du monde civilisé? Voulez-vous, enfin, que le territoire soit respecté, et ne plus relever que de vous-mêmes? Voulez-vous qu'un peuple envieux et jaloux de votre prospérité, cesse d'espionner votre commerce, de visiter vos navires, et d'entraver vos négociations, vos opérations maritimes? Rappelez votre passé. Vers la fin du 17me siècle, la France, occupée jusque-là contre des puissances territoriales, semblait avoir oublié que ses côtes étaient baignées par deux mers dont elle avait abandonné

la domination aux peuples voisins : on l'outrage, les navires de ses armateurs ne sont pas respectés, sa prospérité
peut en souffrir aussitôt elle équipe une flotte nombreuse
qui sort de ses chantiers comme par enchantement, et la
ruine de Gênes et d'Alger apprennent au monde ce que
peut la France quand elle est noblement dirigée. Vendôme,
Tourville, Duquesne, en se chargeant de révéler à la Hol-
lande et à l'Angleterre, le génie maritime de la France,
leur apprennent à respecter ses susceptibilités et son orgueil. Plus tard, lors de la guerre suscitée par l'indépendance américaine, notre pavillon sut conserver ses franchises, et au fameux combat d'Ouessant, l'Anglais fut forcé
de convenir qu'il venait de rencontrer des égaux qui pouvaient le surpasser avec le temps. Sous l'empire même,
nos armateurs luttaient à forces inégales, il est vrai ; mais
ils ne connaissaient pas l'humiliation ; et quand on proposa
au gouvernement de la restauration de concéder à l'Anglais
le droit d'inspecter ses navires de commerce, il répondit
d'abord par le dédain ; et comme on insistait, il fit si bien
pressentir que cette audacieuse témérité pourrait être
cruellement vengée, que nos philanthropes voisins durent
renoncer momentanément au moins à leurs astucieuses
négociations.

Mais aujourd'hui, jusqu'à quel point prétendons-nous
descendre ? Et que veulent nos hommes d'état ? Les plus
soucieux de l'honneur national, si nous devons les en croire
sur parole, nous affirment que la France n'étant et ne pouvant être qu'une puissance continentale, doit céder la
prééminence maritime à son éternelle rivale. Les autres,
et ce sont les puritains de l'époque, reconnaissent franchement le vasselage de notre marine, et dans la crainte que
nous ne veuillons secouer le joug qu'ils ont la prétention
de nous imposer, ils semblent qu'ils aient pris à tâche
d'anéantir toutes nos relations maritimes, tout notre commerce d'outre-mer.

Or, est-ce là ce que veut le pays ? Ou du moins sont-ce
là les intentions des privilégiés ? Nous l'ignorons : mais
s'ils étaient descendus jusqu'à ce dernier degré d'avilisse-
ment ; s'ils avaient tellement oublié le passé qu'ils pussent
méconnaître leurs forces et leur indépendance, ce serait
bien le cas de s'enquérir si nous sommes en progrès, et
de demander ce qu'est devenue la liberté.

3° Vous voulez le gouvernement représentatif, et vous
le voulez amélioré, perfectionné, dites-vous ? Voyons en
quel genre, et sachons si ces perfectionnements profitent
au pays. En 1787, la France éprouvait un embarras momen-

tané dans ses finances. Calonne, qui les dirigeait, et sur les traces duquel semblent marcher nos hommes d'état modernes, en abusant du crédit et anticipant sur les ressources à venir, gréva l'état d'une dette de six cents millions, tout en conservant les apparences trompeuses de l'aisance et de la sécurité. Trois ans après le commencement de son administration, la différence entre la recette et la dépense s'élevait à cent dix millions. Pour se justifier, il avança que ce déficit n'était pas le produit unique de ses œuvres, mais qu'il était en grande partie l'ouvrage de ses prédécesseurs : Necker, son antagoniste et son rival, à peu près comme de nos jours MM. Guizot et Thiers; l'un singeant le grand seigneur, l'autre le puritain, se croyant personnellement attaqué par cette assertion, révéla toute la position, mit la plaie à nu, et son mémoire épouvanta tous les esprits, effrayés de la direction que prenaient les affaires : ce fut alors qu'on éprouva le besoin d'assembler les notables, et de consulter la nation pour aviser aux remèdes qu'on emploierait dans cette position critique. Cependant et malgré ce désordre financier, produit en grande partie par les dépenses suscitées à l'occasion de la guerre de l'indépendance américaine, le premier budget régulier contrôlé par l'assemblée constituante, démontre: que pour mettre les recettes en équilibre avec les dépenses, il serait fait fonds au trésor public, tant par les revenus ordinaires de l'Etat, que par les impositions générales et communes, d'une somme de *cinq cent quatre vingt-deux millions, sept cent mille livres.* Or, faisant la part de la moins value des valeurs monétaires, que nous porterons à un tiers pour être juste, il restera encore démontré que, toute compensation faite, le budget, au moment des premiers troubles révolutionnaires, ne dépassait guère huit cent millions.

Prenons celui de 1842, et apprécions les progrès. Pour les dépenses de cet exercice, dit la loi du 25 juin, des crédits sont ouverts jusqu'à la concurrence de 1,276,338,078 fr.; plus un tout petit crédit de 20,737,192 fr., pour quelques menus services spéciaux, tels que frais d'imprimerie royale, chancellerie, etc... En tout, *un milliard, deux cent quatre-vingt-dix-sept millions, soixante-quinze mille, deux cent soixante-dix francs.*

Certes, nous ne le contestons pas, voici un *progrès réel, sérieux* et *tout-à-fait palpable,* et malgré le mauvais vouloir des opposants de toute couleur, il faut bien encore reconnaître que ce n'est pas le seul. Les fortes têtes de notre époque s'étant ingéniées d'un moyen de pallier les améliorations avec une humilité fort louable, nous avons donc encore à coter ce qu'on appelle les voies extraordinaires, découverte qui n'est pas la moins précieuse et surtout la moins utile pour mettre les finances en équilibre; du reste, le moyen est fort simple, et en voici tout le secret. (Nous faisons remarquer toutefois, que la simplicité ne diminue rien au mérite réel de l'invention, car il est reconnu que les voies les plus simples sont toujours les plus difficiles à rencontrer, et les plus tardivement inventées.) Quoiqu'il en soit, voici tout le mystère :

Dans un premier titre, on fait l'énumération succincte des choses et des personnes sujettes à l'impôt: puis au second titre intitulé : *Evaluation des recettes générales*, on annonce que les voies et moyens ORDINAIRES sont évalués à 1,160,683,142 francs : les ressources générales à 20,737,192 fr.; celles départementales à 77,875,700 fr., en totalité, *un milliard deux cent cinquante-neuf millions, deux cent quatre-vingt-seize mille, trente-quatre francs :* ce qui occasionne un assez mince déficit de 37 à 38 millions, bagatelle, après tout, quand il s'agit d'un remuement de fonds aussi considérable; ainsi, le plus difficile de la besogne est fait, le surplus se termine de la sorte : *moyens de service.* Tout prouve qu'il ne s'agit plus que de combler la différence. Voyons : le ministre est autorisé à créer, pour le service de la trésorerie *des bons royaux,* portant intérêts, et payables à échéances fixes; ils ne pourront excéder deux cent cinquante millions, ci........ 250,000,000 fr.

(En ce non compris les bons royaux délivrés à la caisse d'amortissement, et l'*émission de nouveaux bons* qui pourra avoir lieu en vertu d'ordonnance royale); en outre, le ministre des finances est chargé de l'emprunt d'une petite somme, pour les dépenses des *travaux publics extraordinaires,* s'élevant tout bonnement à............................ 450,000,000

En tout sept cent millions, ci........ 700,000,000

De telle sorte que le déficit qui ne semblait au premier aperçu, s'élever qu'à 37 millions, se trouve être en réalité des deux tiers d'un milliard, c'est-à-dire égal en somme au budget de 1790.

Dites donc maintenant que le progrès n'est pas sensible!!. Voilà des chiffres exacts, groupés avec tout le talent de la science moderne; et dans un siècle matériel et positif comme le nôtre, rien n'est plus éloquent que les chiffres.

Mais est-ce bien là le perfectionnement désiré ? Est-ce vers ce but que tendaient tant d'efforts ? Et serait-ce là, par hasard, tout le résultat qu'on attendait de ce bouleversement général qui est venu renverser toutes les idées d'ordre et de stabilité qui ont fait la prospérité de nos pères ? Si l'on en juge par les murmures des contribuables, surtout à l'époque de ce bienheureux recensement de 1841, qui nous fait espérer encore des améliorations nouvelles, on serait tenté d'en douter ; mais enfin, puisque le système se perpétue, c'est qu'apparemment il est bien accueilli, et que chacun en souhaite la continuation. Voilà donc un vœu d'exaucé : veuillez nous dire, électeurs, si c'est le seul que vous convoitiez !..

4.º Avant d'arriver nous-mêmes à la solution de la question que nous adressons aux électeurs, parcourons encore quelques-unes de ces théories pour la réalisation desquelles nous sommes en lutte depuis un demi-siècle ; voyons sans prévention et de bonne foi si nous avons progressé, et après avoir ainsi déblayé le terrain, nous pourrons plus aisément, ce nous semble, apprécier l'état actuel de la société et les avantages que nous ont procurés nos révolutions successives et les nombreuses constitutions qu'elles ont enfantées avec tant de complaisance.

Jetons un coup-d'œil impartial sur l'état de l'enseignement, tel qu'il existait au moment de nos premières dissentions civiles ; nous verrons ensuite ce qu'il est aujourd'hui, et nous laisserons aux esprits éclairés et indépendants, le soin de prononcer entre les deux époques et les deux systèmes.

L'université, qui prétend aujourd'hui s'arroger des droits universels, exclusifs, et qui maintient du reste qu'elle ne fait en cela que suivre les anciens errements pratiqués depuis le onzième siècle, époque de son origine, est-elle bien fondée dans ses prétentions despotiques ? Se trouve-t-elle constituée sur les mêmes bases que celles qui soutenaient le corps auquel elle prétend s'identifier ? Sont-ce bien les mêmes éléments, les mêmes principes, le même mode d'enseignement, les mêmes croyances religieuses, la même pureté de doctrine ? C'est ce qu'il convient d'examiner en quelques mots, afin de voir si sous ce rapport encore nous sommes en progrès.

Une vérité incontestable et qui avait été vivement sentie par nos pères, c'est que l'homme qui se consacre à l'éducation doit former le cœur de ses élèves par ses exemples, et leur esprit par ses lumières, car, on le sait, de tous les moyens de persuasion, le plus infaillible, c'est l'exemple, *si vis me flere, dolendum est primum ipsi tibi* (HORACE).

Ce point avait paru tellement essentiel, qu'on avait cru devoir en faire un texte de loi, qui figure à l'article 38 des statuts de la faculté : *Doctores morum integritate, vitœ probitate, et exemplo prœ cœteris prœluceant, ut suœ professionis expectationem sustineant.... Quoniam interest nostrâ animum liberorum nostrorum non corrumpi.* Voilà pour les mœurs : or, nous vous le demandons, la morale est-elle aujourd'hui la partie la plus cultivée de l'éducation ? Y attache-t-on une importance sérieuse, et la place-t-on au-dessus de l'instruction et des connaissances humaines ? Exige-t-on, avant tout, et par-dessus tout, que les professeurs surpassent tous les autres hommes, par la pureté de leurs mœurs et par la droiture de leur conduite ? Pour nous, nous éviterons de nous prononcer : mais s'il en est ainsi, s'il est vrai que la généralité des professeurs relevant de l'université moderne, soit composée de ces sujets d'élite qui subjuguent plus encore par l'ascendant de leurs vertus que par la profondeur de leurs connaissances; s'il est certain qu'ils soient animés de l'unique désir de faire prédominer la vérité, et de diriger dans les sentiers de la candeur et de l'innocence les jeunes cœurs qui leur sont confiés ; si l'expérience vient démontrer l'heureuse influence de leurs maximes, la droiture et le désintéressement de leurs intentions; pourquoi tant redouter la concurrence ? Rien ne fait mieux ressortir la richesse d'un monument de bon goût, la magnificence d'un site paré par la nature, ou l'élégante simplicité de l'innocence, que le rapprochement d'un édifice accablé de fantasques décorations, qu'un jardin ou règne une profusion sans art, ou que cette surcharge d'ornements entassés par une vanité ridicule.

La comparaison faisant encore mieux ressortir l'éclat du mérite, l'Université ne peut que gagner à cette concession réclamée avec tant de persistance, puisqu'elle doit avoir pour effet immédiat de faire apprécier la supériorité de ses méthodes et principalement l'innocence de la vie privée de ses membres. *Magistros studiorum doctores que excellere oportet moribus primùm, deinde facondiâ....*

« Sous le rapport du dogme, l'édit du 4 août 1663 faisait
» très-expresses inhibitions et défenses à toutes personnes
» chargées de l'enseignement de soutenir, défendre, lire et
» enseigner ès écoles publiques ni ailleurs aucunes propo-
» sitions contraires à celles appréciées par la Faculté de
» Théologie. » Or, cette Faculté était composée d'ecclé-
siastiques distingués, dont la vie toute entière était un enseignement pratique ; tandis que de nos jours, le conseil chargé spécialement d'améliorer l'instruction, de provoquer

et d'encourager la composition des livres qui manquent à l'enseignement, et d'indiquer ceux qui paraissent devoir être employés de préférence, se compose de gens du monde fort honorables, vraisemblablement, puisqu'une telle mission leur a été confiée, mais peu soucieux des enseignements catholiques, puisque plusieurs d'entre eux sont protestants, et quelques autres éclectiques. Il y a même dans cet esprit exclusif quelque chose de remarquable, qu'on a trop négligé de signaler à l'attention publique, c'est que le conseil royal de l'instruction, qui, aux termes de l'article 52 de l'ordonnance du 17 février 1815, devait compter au moins deux membres du clergé, n'en avait aucun depuis plusieurs années; ce n'est que dernièrement qu'on a cru devoir y agréger un prêtre pour compléter l'hétérogénéité de cette espèce de conciliabule. Or donc, voilà le schisme au sein de la Faculté, la morale peut en souffrir, la doctrine en sera peut-être altérée, et vous prétendez vous arroger le privilége exorbitant d'être les guides uniques de la jeunesse. Mais il nous paraît que cette prétention est complètement inique, puisqu'elle ne tend à rien moins qu'au renversement de la liberté de conscience. Donnez-nous au moins cette latitude que la convention nationale crut devoir concéder en l'an 2 de la république inaltérable et indivisible; ce n'est pas trop demander, ce semble, que d'attendre de vous-que vous veuillez bien ne pas dépasser en rigueurs le comité de salut public de 1793. Eh bien! législateurs de nos jours, savez-vous quelles concessions firent à l'opinion publique, vos devanciers dans la carrière que vous parcourez à votre tour? Ils proclamèrent cette loi, dont nous attendons vainement la réalisation depuis 12 années.

Section première. « L'enseignement est libre, à charge de se munir d'un certificat de bonne vie et mœurs, délivré par les membres du conseil de la commune.

Section deuxième. — Les instituteurs sont sous la surveillance immédiate de la municipalité, *des pères, mères, tuteurs et de tous citoyens.*

Nous n'en demandons pas davantage; soyez, sous ce point de vue du moins, libéraux comme Marat et Robespierre, et le pays vous bénira.

5.º Rappelons encore un fait historique qui date de notre renaissance constitutionnelle, rapprochons-le de ce qui se passe de nos jours, et laissons à chacun le soin d'en tirer les conséquences qu'il jugera raisonnables.

Paris conservait encore, en 1789, plutôt comme souvenir, que comme place forte, le vieux château de la Bastille, dernier vestige dégradé de ses anciennes fortifications : le

peuple parisien, soulevé par des meneurs qui ne trouvaient pas que le désordre marchât assez vite, s'assemble en fureur; il s'écrie que ses libertés sont menacées, qu'une forteresse au sein de la ville libre est une cruelle anomalie, et qu'il est urgent de la faire disparaître sans retard, si l'on veut s'éviter d'affreux retours, de terribles vengeances. Tout aussitôt la foule se précipite en fureur; elle se rue contre quelques faibles et débiles invalides, préposés à la garde, plutôt qu'à la défense de cette prétendue place d'armes ; elle égorge la garnison, massacre le gouverneur, et fière de ces sanglants trophées, elle réclame les couronnes dues à son civisme et à son bouillant courage. Alors « l'assemblée
» nationale, frappée d'une juste admiration pour l'héroïque
» intrépidité des vainqueurs de la bastille, et voulant leur
» donner au nom de la nation un témoignage public de la
» reconnaissance due à ceux qui ont exposé leur vie pour
» secouer le joug de l'esclavage et rendre leur patrie
» libre, décrète......... Que lors de la fête solennelle de la
» Confédération, il sera désigné, pour les vainqueurs de la
» Bastille, une place honorable, *où la France puisse jouir*
» *du spectacle de la réunion des premiers conquérants de*
» *la liberté.*

C'était apparemment un fait bien glorieux pour la France, que cette destruction d'une vieille mâsure désarmée, pour mériter cette apothéose décernée à ses vainqueurs! pour qu'on datât de cette époque l'ère de la liberté! Nous l'avouons, quant à nous, nous n'avions jamais cru qu'on pût être un héros à si bon compte, et si nous n'en avions vu de nos jours, qui peuvent être mis sur la même ligne, à peu près pour traits équivalents, nous n'aurions jamais pu apprécier à sa juste valeur le dévouement de ces grands citoyens. Cependant, il faut bien croire que cette Bastille était menaçante, puisque, 43 ans après sa chûte, et en l'an de grâce 1833, nos conséquents législateurs ont décidé : « qu'il
» serait accordé à chacun de ses vainqueurs, une pension
» annuelle de 250 fr. de rente. » Mais, si cette Bastille était si effrayante, si dangereuse pour nos libertés naissantes, est-ce que par hasard les nouvelles bastilles votées d'urgence, le 3 avril 1841, seraient moins à craindre pour nos libertés progressives? Ce qui pouvait perpétuer le servage an 1789, ne pourrait-il pas l'engendrer de nos jours? Voici une objection que je me suis faite, que je n'ose pas résoudre, et pour cause, et que je me hasarde à soumettre à l'aréopage, bien persuadé que nos fortes têtes pourront concilier ces contraires, et qu'ils sauront prouver jusqu'à l'évidence doctrinale que si le despotisme pouvait abuser d'une for-

teresse, l'indépendance nationale doit être appuyée par douze bastilles.

Cependant, il est encore un point qui m'embarrasse, et que je voudrais voir aplani; c'est ce grand nombre de troupes de toutes armes qui sont concentrées dans la capitale et dans un rayon très-rapproché. Je vois qu'en 1789, l'assemblée constituante paraissait tellement effrayée de cette agglomération de forces dépendantes du pouvoir exécutif, que le 8 juillet, elle s'adressait au roi pour demander l'éloignement des troupes assemblées aux environs de Paris et de Versailles; que, le 13 du même mois, elle renouvelait sa demande, et que le lendemain, elle insistait avec plus d'énergie sur leur retraite absolue.

Or, nous avons essayé de nous rendre compte de cette ténacité de l'assemblée dans cette occurrence, et ses panégyristes, parmi lesquels figurent des célébrités parlementaires de notre époque, nous assurent que cette persistance de l'assemblée était tout-à-fait loyale et constitutionnelle. Loyale, comme les actes et les faits l'ont démontré depuis; constitutionnelle, puisqu'il n'est pas possible qu'une réunion délibérante puisse agir avec liberté, si les baïonnettes l'environnent et semble la menacer toutes les fois qu'elle sera tentée, dans des intérêts généraux, de développer des théories indépendantes.

Toutefois, je sais qu'il existe une incommensurable distance entre les deux époques, et qu'il est indispensable d'en tenir compte : au début de la carrière, nos armées façonnées au joug de la dépendance et de la discipline, ne savaient encore qu'obéir et répondre à la voix de leurs chefs; depuis, les baïonnettes sont devenues intelligentes, et grâce à ce perfectionnement, nous avons vu dans moins d'un demi-siècle, une bonne douzaine de révolutions progressives : et dites donc maintenant que nous ne sommes pas en bonne voie !!!

Nous venons de parcourir successivement les différentes questions les plus palpitantes d'intérêt qui se ratachent à la constitution: nous avons rapproché deux grandes époques de notre histoire moderne, et nous avons essayé de prouver qu'en fait de liberté, nous étions loin d'être en voie de progrès. A qui la faute? D'où vient ce mécompte? Est-il encore possible de s'entendre? Voilà le problème qu'il faudrait résoudre, et pour y arriver, il ne faudrait que du désintéressement et de la bonne foi dans tous les partis. Faut-il donc, à cette heure, désespérer de l'avenir? L'honneur s'est-il enfui loin de la France? Et tous les hommes de cœur ne sentiront-ils pas enfin l'indispensable nécessité de faire à la patrie le sacrifice de leur amour-propre, de leurs intérêts et de leur vanité? Le moment est venu de sonder l'abîme, d'envisager froidement la position, et de se demander où nous voulons aller, afin que la catastrophe ne vienne pas nous surprendre au moment le plus inattendu.

Hommes de l'opposition, partisans de la royauté élective, et vous ennemis des nouveautés dangereuses, et fidèles courtisans du malheur, vous réclamez tous le gouvernement constitutionnel; vous le voulez franc et loyal, avec toute son extension naturelle et raisonnable, avec toutes ses conséquences légitimes : vous le voulez exempt de troubles et de révolutions, pur et sans tache; vous ne voudriez pas qu'il reposât sur l'intrigue, sur la corruption et sur l'immoralité; vous le souhaitez enfin aussi parfait que peut l'être une institution périssable et passagère comme toute œuvre de l'esprit humain : pour cela que faut-il faire? Il faut être conséquent avec soi-même. Voyons si nos législateurs nous ont donné depuis un demi-siècle, des exemples bons à suivre et à imiter; cet examen nous fera connaître les fautes commises en même temps qu'il nous indiquera celles contre le retour desquelles nous devons nous mettre en garde; nous signalerons nous-même la marche qui nous semble la plus rationnelle.

Votre charte de 1830, proclame la personne du roi inviolable et sacrée (art. 10); mais l'antique constitution de nos aïeux contenait une disposition semblable, et huit siècles d'hérédité régulière étaient venus sanctionner cette bienfaisante coutume qui s'allait perdre dans la nuit des temps. Depuis que la monomanie des constitutions s'est emparée de nos grands hommes modernes, qu'est devenu, je vous prie, ce sage et tutélaire principe? La loi fondamentale de 1791 reconnaissait aussi la royauté individuelle, héréditaire, et la personne du roi inviolable et sacrée (chap. 2, sect. 1). Le 21 janvier 1793 apprit au monde étonné la valeur des serments constitutionnels.

Le 24 juin 1793, le peuple français, par l'organe de ses législateurs, grava un nouvel acte constitutionnel sur des tables au sein du corps législatif et dans toutes nos places publiques (art. 124): combien a duré ce monument de nos libertés indéfinies et illimitées? A peine avait-on achevé de graver sur le marbre la loi nouvelle, que déjà le peuple souverain l'avait détruite et renversée: *Iratusque valdè, projecit de manu tabulas, et confregit ad radicem montis* (Exode.)

Plus tard, et le 5 fructidor an 3, un nouveau pacte fondamental est remis en dépôt à la fidélité du corps législatif, du directoire exécutif des administrateurs et des juges, à la vigilance des pères de famille, *aux épouses et aux mères*, à l'affection des jeunes citoyens, au courage de tous les Français (art. 377), et voilà que, par une épouvantable et monstrueuse anomalie souvent renouvelée depuis cette époque, le corps législatif donne le premier l'exemple de la discorde; que le directoire proclame la guerre civile et dresse des listes de proscriptions. C'est à ne s'y plus comprendre : encore quelques années, et l'immortelle sera rangée au nombre des déesses de l'antiquité païenne.

Vient à son tour, le 22 frimaire an 8, la constitution consulaire offerte à l'acceptation du peuple français : elle est éternelle comme toutes ses aînées; comme elles, elle nous promet, elle nous garantit un bonheur sans terme, elle nous assure des prospérités sans exemple. Puériles déceptions ! chimériques espérances ! Une main de fer s'empare du pouvoir suprême, et le sénatus-consulte organique du 28 floréal an 12 proclame la dignité impériale héréditaire dans la descendance directe, naturelle et légitime de Napoléon Bonaparte (art. 3.) : hérédité éphémère, légitimité bâtarde, la force et la gloire ne sauraient les perpétuer et les soutenir : encore quelques années, et il ne restera plus de leur passage que quelques souvenirs de gloire, mêlés d'opprobre et d'humiliation.

La providence nous ramène la légitimité. La chaîne des temps, trop long-temps interrompue, va se trouver renouée, un nouveau pacte va rattacher l'héroïque nation à la race antique de ses rois; la joie se répand dans tous les cœurs, l'avenir est plein d'espérance, tout annonce d'heureux jours...... Illusions trompeuses!! C'est en vain qu'on proclame la personne du roi inviolable et sacrée (art. 13.). Les lois sont justes, mais les peuples sont corrompus, la révolte est dans les esprits: et sur les débris de la royauté renaissante, s'élève de nouveau le gouvernement impérial, flanqué de deux chambres, l'une héréditaire, l'autre élective (22 avril 1815.) ! Et les élections nouvelles ne sont pas plus tôt achevées, qu'un nouveau bouleversement vient démontrer l'instabilité des œuvres humaines, et révéler leur néant, quand elles ne sont pas soutenues par le doigt providentiel.

Vint enfin 1830 avec sa dynastie nouvelle, son hérédité, son inviolabilité. Mais, dites-nous, quand vous jetez un coup-d'œil en arrière, quand vous examinez toutes ces secousses, tous ces ébranlements qui semblent nous reporter aux siècles de la décadence romaine, est-ce que parfois, vous ne vous sentez point inquiets et troublés? Est-ce que vous ne frisonnez pas? Est-ce que vous n'êtes point glacés d'effroi? Est-ce que vous ne vous surprenez point par fois, regrettant d'être nés à pareille époque, honteux de toutes vos erreurs, désespérés à la vue de votre impuissance, et peu rassurés pour l'avenir? Est-ce que vous ne sentez pas le besoin de raffermir le sol ébranlé sous vos pas? N'entendez-vous pas dans le lointain, ces cris de fureur qui retentissent au sein des multitudes en délire? Avez-vous déjà perdu la mémoire des scènes hideuses et sanglantes si familières aux jours de notre première révolution? Le souvenir du despotisme impérial n'a-t-il donc laissé aucune trace dans vos esprits? Echappés à peine aux tempêtes, meurtris et brisés, ne ferez-vous rien pour en éviter le retour, ou du moins pour en réparer les désastres? Il est enfin venu le moment où chacun doit apporter son offrande pour la reconstruction de l'édifice social: que chacun y concoure avec empressement et de bonne foi; que tous les hommes de cœur et de probité sortent enfin de cette atonie profonde où ils semblent devoir s'éteindre; qu'ils songent que sans eux la société peut être bouleversée de nouveau, et qu'ils n'oublient pas surtout que l'histoire flétrirait leur indifférence ou leur entêtement d'un stigmate indélébile.

Or donc, que désirons-nous? Eh bien! nous le dirons franchement, parce que nous ne sommes pas guidés par des vues hostiles, parce que nous croyons qu'il est convenable que chacun manifeste clairement ses opinions, en se déclarant toujours prêt à les modifier quand l'intérêt général en exige le sacrifice; parce qu'enfin il nous semble que les hommes honnêtes et libres de toutes les opinions peuvent se rencontrer sur le terrain commun d'une liberté sage et progressive.

Ainsi, la Charte déclare que les Français sont égaux devant la loi, et qu'ils contribuent tous aux charges de l'état dans la proportion de leur fortune (1 et 2). Eh bien! nous demandons le retour aux principes consacrés par le réglement du 24 janvier 1789, c'est-à-dire une révision complète dans le système électoral, avec des gradations sagement calculées, mûrement établies. Nous désirons en un mot de la sincérité dans le gouvernement représentatif, et nous mettons ici les hommes tout-à-fait en dehors de la discussion de principe. Nous voulons la sincérité de la représentation étendue à toutes ses limites raisonnables en partant du point le plus élevé jusqu'au plus infime, en convergeant des extrémités vers le centre. Représentation communale, cantonale, départementale, etc. Vous avez admis le principe de l'élection générale dans la loi organique des gardes nationales du 22 mars 1831; vous avez sagement gradué la délégatiou, tous contribuent à la nomination des officiers, et les chefs supérieurs sont choisis ou désignés par les premiers élus (sect. 4). Votre loi sur les élections municipales appelle comme électeurs un nombre raisonnable d'imposés, et sous ce point de vue, elle semble aussi libérale que possible, et pourquoi ne pas faire de ces lois le type du système électoral? Et quant aux conséquences de votre loi municipale, d'où vient que vous les avez mises en opposition flagrante avec le principe libéral qui semble les avoir inspirées? Pourquoi n'avoir pas donné aux conseils municipaux un pouvoir sérieux et réel? Pourquoi les placer dans la dépendance d'une bureaucratie trop souvent aveugle et routinière? Pourquoi n'avoir pas laissé la commune relevant d'elle-même et des pouvoirs électifs? Etait-il donc si dangereux pour l'état que les intérêts des communautés, quant à leur administration, au mode de jouissance de leurs revenus, fussent confiés à des conseils cantonnaux, et réglés définitivement par les conseils d'arrondissement? Les intérêts de plusieurs communes formant un même canton ne pourraient-ils pas être confiés à un conseil cantonnal formé des maires de chaque commune en dépendant, et de deux conseillers désignés par les électeurs, c'est-à-dire pris parmi ceux qui auraient réuni le plus grand nombre de voix au moment de l'élection? Et vous semble-t-il qu'il y eût danger à laisser aux conseils généraux le soin d'arrêter, ou de réformer sans contrôle, les décisions prises au sein de ces assemblées placées au premier échelon de la hiérarchie représentative? L'homme s'attache à quelque chose de sérieux, et son premier besoin c'est de se dire co-partageant du pouvoir, et comme tel intéressé à le soutenir. Mais si vous ne lui offrez qu'une représentation mensongère, si vous voulez qu'il se contente d'une vaine et futile apparence, quand vous ne lui laissez pas même l'illusion possible, comment voulez-vous qu'il s'attache à vos formes et qu'il s'enthousiasme pour une liberté puérile et ridicule? Tel dont l'activité vous alarme et dont l'audace vous inquiète et vous effraye, trouvant au centre de sa localité, au sein de sa famille, au milieu de ses domaines, une position, qui pourrait répondre à son ambition légitime, vivrait paisible et calme, content de la part de souveraineté qu'il devrait à la confiance de ses concitoyens. Et notez bien qu'en agissant de la sorte, vous grandiriez tous les pouvoirs, et vous relèveriez la considération de vos assemblées législatives; car enfin, ce sont les intermédiaires qui font ressortir et qui permettent d'apprécier les distances qui séparent entre eux les corps constitués. Aujourd'hui, l'ambitieux sortant ignoré de la foule, datant d'hier, veut tout-à-coup et d'un seul bond arriver à la législature. Qu'advient-il? et c'est là le moindre des inconvénients, c'est qu'inconnu de ses électeurs, il trompe leur attente; mais ce qui est bien plus grave et plus fatal au pays, c'est qu'étranger à l'administration, aux formes législatives, et tout bouffi de son néant, il contribue à la formation de ces mille lois dont on nous inonde à profusion, comme si la quantité contribuait à l'excellence, et sans songer que toutes ces contradictions légales révèlent la faiblesse d'esprit du législateur, son étourderie et ses inconséquences. Nous le disons donc en conscience, éclairés par le passé, il nous semble que le système électoral adopté en 1789 était infiniment plus libéral et plus rationnel que celui mis en vigueur de nos jours, et nous croyons qu'il est instant que vos législateurs l'étudient de nouveau, pour savoir s'il ne pourrait pas améliorer notre position, et nous tirer enfin de cet impasse d'où les plus habiles pilotes semblent ne pouvoir nous arracher, malgré tous leurs efforts.

Tous les Français, ajoute la loi, sont admissibles aux emplois. Le principe est fort équitable, et nous ne pouvons qu'y applaudir hautement. Mais d'où vient qu'il est journellement faussé dans la pratique? C'est, à notre avis, de ce que le gouvernement constitutionnel, tel que vous l'avez établi, est placé dans une position embarrassante et difficile. En effet, vous avez reconnu que la puissance législative s'exerçait collectivement par les trois pouvoirs (art. 14); et vous avez réservé aux deux corps populaires la faculté d'accorder ou de refuser annuellement les subsides, de crainte de donner trop d'indépendance au pouvoir exécutif. Vous n'avez pas voulu créer un budget normal, dont vous auriez pu et dû cependant vous réserver le droit de surveiller soigneusement l'emploi, afin d'éviter tous les abus scandaleux d'une autre époque; vous avez exigé par excès de méfiance qu'on vous demandât l'aumône: qu'en advient-il? Que celui qui devrait au moins marcher votre égal, sinon votre supérieur, se trouve être dans votre dépendance; de telle sorte, qu'il faut, de nécessité absolue, *qu'il rampe servilement à vos pieds*, ou *qu'il vous corrompe*, ou *qu'il vous subjugue* et *vous domine*. Sans doute, si tous les cœurs étaient droits, si toutes les intentions étaient pures, si toutes les intelligences étaient éclairées, l'harmonie pourrait régner au sein du triomvirat; mais les hommes seront toujours des hommes, c'est-à-dire, toujours faibles, toujours envieux et amis des nouveautés; dès lors difficiles à conduire, surtout quand ils vivent sous l'empire d'une illusion dangereuse, parce qu'elle flatte la vanité.

Aussi que voyons-nous quand le pouvoir est dans des mains habiles? La moitié de la députation choisie parmi les fonctionnaires, ou plutôt, toutes les grandes charges publiques convoitées, arrachées, envahies par nos députés qui se font ainsi les très-humbles servants de ceux dont ils devraient être les mentors. Et que résulte-t-il de cette ardeur éhontée? C'est d'abord, que tous voulant arriver à la fortune, aux dignités et aux grandeurs, les intérêts généraux sont négligés et fléchissent en face des intérêts individuels. L'ambition gagne toutes les classes; la soif d'une dépendance soldée, devenant générale, s'étend du plus petit au plus élevé; chacun se sent dévoré du désir de prendre part au budget ministériel, à la charge même de sacrifier au veau d'or et ses croyances et ses libertés, puis le marasme produit par cet impudent égoïsme, enfante une telle lâcheté, que le moment arrive où un ministère audacieux et sans pudeur peut impunément essayer de détruire nos libertés les plus chères, d'affaiblir nos forces, de nous annihiler en face de l'étranger, d'avilir le caractère national, et de nous offrir en holocauste à nos plus cruels ennemis, pour se faire pardonner la franchise d'un vote législatif. Et cependant, électeurs, sachez-le bien : tant que vous convoiterez pour vous-mêmes des positions subordonnées, tant que vous croupirez dans le servilisme, n'attendez pas de vos représentants cette noble franchise, cette haute indépendance si indispensablement nécessaires pour remplir dignement une aussi grande mission. Eh quoi donc! législateurs, vous vous indignez avec raison, vous tonneriez avec force contre le magistrat qui, chargé de rendre la justice à deux parties, s'avilirait jusqu'à recevoir de l'une d'elles quelques menus présents, ou qui même ne se tiendrait pas en garde contre des civilités trop empressées, contre des obsessions dangereuses, et cependant la sentence du juge n'est pas toujours souveraine; et vous, placés au faîte de l'édifice social, vous, chargés, non pas seulement d'appliquer la loi, mais du soin de la méditer et de la faire; vous sentinelles avancées, appelés à la défense de la liberté, qui vous est confiée, vous désertez votre poste, vous n'êtes plus les hommes du pays, vous devenez les organes, les instruments flexibles d'un pouvoir dont vous avez été appelé à contrôler les actes; et vous ne sentez pas tout ce qu'il y a d'inconséquent dans cette position, qui met vos intérêts particuliers en contradictions avec votre mandat! Ce qui vous paraîtrait odieux au sein d'un corps qui ne doit

peut-être la grande considération qui l'entoure qu'à son
noble désintéressement, vous le tolérez pour vous-mêmes,
et vous avez poussé le courage jusqu'à en faire l'apologie !
Si donc vous n'avez pas la force de résister à l'entraîne-
ment, c'est aux électeurs de vous donner l'exemple, et
d'exiger que vous marchiez sur leurs traces, sans quoi vous
courrez risque d'amoindrir la représentation nationale, à
tel point, qu'elle perdra singulièrement de son éclat et de
sa grandeur réelle.

Nous lisons encore dans votre pacte fondamental que
« Tous les Français ont le droit de publier et de faire im-
» primer leurs opinions, en se conformant aux lois, la cen-
»_ sure ne pouvant jamais être rétablie (art. 7). » Fort de
ce principe, l'écrivain indépendant se hasarde à critiquer
quelques-uns de vos actes ; il signale d'intolérables abus,
il révèle d'odieux mystères ; il stigmatise de honteux tripo-
tages, et comme votre considération peut en souffrir,
comme vous convoitez tout à la fois les éloges dus au
désintéressement et les bénifices de votre influence, vous
voilà devenus furieux, jurant haîne mortelle à cette presse
qui vous a faits cependant ce que vous êtes. Certes, nous
vous l'avouons avec franchise, nous n'avons jamais été tellement aveuglés sur les avantages de ce privilége, que nous
n'ayons parfois gémi sincèrement sur ses écarts, sur les
funestes résultats de sa machiavélique astuce, ou sur les
audacieuses tentatives de son tyrannique empire ; mais
enfin, quelle est l'institution humaine qui n'ait son côté
faible et parfois dangereux ? Toujours est-il que, pour
vous, qui l'avez préconisée comme la plus noble conquête
de la révolution, il vous sied mal de la vouloir bâillonner
aujourd'hui, dans le but d'arrêter ses légitimes récrimina-
tions. Si vous aviez encore le courage de vos convictions
nouvelles, si vous attaquiez de front l'ennemi que vous
signalez à la vindicte des hommes honnêtes et paisibles, on
pourrait du moins louer votre franchise, tout en flétrissant
vos erreurs passées : mais vous n'avez pas même ce triste
mérite ; et dans cette occurrence, comme dans beaucoup
d'autres, il semble que vous ne parliez que pour démentir
vos actes. A vous entendre, nul n'est plus chaud partisan
de la presse que vous-mêmes, et en vous voyant à l'œuvre,
on serait tenté de croire que vous avez fait le serment de
l'anéantir. Or, le public juge sur les faits, et non sur les
mots.

Ainsi, vous proclamez la liberté, et vous consignez dans
vos lois : « Que quiconque, par des discours, des écrits
» ou des gravures, aurait provoqué à des crimes, à des

» délits ou à des contraventions, *soit que la provocation* » *ait été ou non suivie d'effet, est coupable d'un attentat* » *à la sûreté de l'état* (9 septembre 1835.). » Si l'effet a suivi la cause présumée, ce sera la mort; dans le cas contraire, se sera la détention (de 5 à 20 ans) et une amende de 10,000 fr. à 50,000 fr.

En face de cette législation draconienne, qui ne croirait que vous avez pris à tâche d'étouffer la puissance qui vous a élevés sur le pavoi? Mais puisque vous nous assurez que vous avez agi avec désintéressement et loyauté, nous devons croire qu'au moins vous aurez défini l'attentat avec une scrupuleuse exactitude. Voyons:

« L'offense au roi, lorsqu'elle a pour but d'exciter à la » haine ou au mépris de sa personne ou de son autorité » constitutionnelle, est un attentat (2); » Mais savez-vous que voici une définition bien vague, bien étendue, bien élastique? Savez-vous qu'avec du bon vouloir et quelque peu de savoir faire, il n'est personne qui ne puisse, un beau jour, se réveiller provocateur, alors même qu'il n'y aurait jamais songé? Eh quoi! L'excitation devient un crime, c'est un attentat! mais je vous demanderai, qu'est-ce donc que l'excitation? C'est, me direz-vous, le désir d'offenser le chef de l'État, réveiller des passions mauvaises, pousser à des actions coupables, solliciter le crime? Eh! ne sentez-vous pas tout ce qu'il y a de dangereux dans ce commentaire qui se prête si complaisamment aux rigueurs? Ne voyez-vous pas tout le parti que des *jurés honnêtes et probes* peuvent tirer d'une doctrine aussi indécise? Ne voyez-vous pas combien il est facile de trouver dans un article quelconque de politique, *l'incitation au désir d'offenser le chef de l'Etat?* et cette inspiration coupable deviendra un attentat, et cet attentat vous vaudra 20 années de détention (c. pén. 21) et cinquante mille francs d'amende! Vous serez accusé d'avoir réveillé des passions mauvaises, et ce sera un attentat; vous aurez dit que les intérêts de la France ont été trahis, lorsqu'on a lâchement rappelé nos vaisseaux des côtes de Syrie, afin de laisser l'Anglais plus libre de mitrailler, d'incendier à son aise les places fortes de notre allié; vous aurez hautement proclamé la pusillanimité qu'on a montrée à l'égard de Rosas, et l'absurdité du traité qui livre nos nationaux à sa fureur, et notre considération à la risée publique; vous aurez ridiculisé, honni, baffoué la stupide conduite du ministère dans ses relations avec le régent d'Espagne, sa hauteur avec les faibles et ses lâchetés vis-à-vis des puissants; et, pour avoir proclamé ces vérités, vous serez poursuivi comme instigateur, comme provocateur de passions mauvaises, vous aurez commis un attentat, vous serez ruiné par une amende énorme, flétri par une condamnation infamante (c. pén. 7). Vous aurez signalé le vice de certaines lois politiques, vous en aurez démontré les tyranniques conséquences, vous aurez fait pressentir le parti dangereux qu'on en peut tirer contre nos franchises et nos libertés, et voilà que tout-à-coup vous serez poursuivi comme ayant attaqué la forme du gouvernement établi, vous serez coupable d'un attentat à la sûreté de l'Etat, et la détention et la ruine seront la récompense de votre inquiète et vigilante sollicitude, de vos conseils désintéressés, de vos patriotiques avertissements!!! Mieux vaudrait mille fois la censure et ses rigueurs préventives, elle épargnerait au moins aux publicistes dévoués au pays l'odieux d'une infamante condamnation et la ruine de leurs familles.

Pour nous, hommes de principe et de conviction, ce que nous sollicitons comme un droit, et non pas comme une faveur, c'est de pouvoir en toute sûreté énoncer nos croyances et nos vœux. Nos dogmes n'ont rien d'inquiétant, car ils sont fondés sur la hiérarchie des pouvoirs, hiérarchie sainte et salutaire à nos yeux, puisqu'elle nous semble la base la plus infaillible de la grandeur, de la force et de la durée des empires, en même temps qu'elle assure la liberté individuelle et la soumission aux enseignements de la loi. Nos espérances n'ont rien de dangereux, car elles tendent toutes au bonheur et à la prospérité du pays, à l'union de tous ses membres, à la destruction de l'erreur et au triomphe de la vérité. Ce que nous demandons, c'est que chacun puisse à son gré, sans inquiétude et sans contrôle, manifester ses opinions avec convenances, les développer avec modération, les étayer des enseignements de l'histoire, et tenter de les faire prédominer à l'aide du raisonnement, du bon sens et de la logique. Ce que nous voulons, c'est de pouvoir à notre aise signaler vos contradictions monstrueuses, en faire ressortir les iniques conséquences, et prouver à tous que les plus audacieux d'entre vous ne sont, ou que d'indignes charlatans qui n'ont abusé de la crédulité publique que pour se créer des positions brillantes et parvenir à la fortune, ou d'orgueilleuses nullités qui, sous prétexte d'améliorations, ne savent que bouleverser les lois établies, renverser les principes les plus sacrés pour y substituer leurs œuvres éphémères, et réédifier le despotisme ou l'anarchie sous les apparences de la force ou de la liberté. Ce que nous réclamons, ce n'est pas la licence, elle ne peut sortir que de vos doctrines; mais c'est cette tolérance qui laisse à chacun la faculté de suivre ses convictions et de les répandre sans craindre de se voir poursuivi comme un fauteur de troubles, comme un instigateur de conspirations et de guerres civiles.

Et quoi ! durant quinze années vous avez comploté, ourdi les trames les plus ténébreuses ; vous avez indignement abusé de la faiblesse qui tolérait tous vos excès ; vous avez poussé le cynisme jusqu'à nous révéler depuis les causes odieuses de votre opposition systématique, et maintenant que vous êtes parvenus au faîte des grandeurs ; aujourd'hui que la fortune est venue couronner vos honteux efforts, vous voudriez qu'on vous laissât sommeiller en paix ! qu'on vous abandonnât sans mot dire les destinées de la France, sa fortune et son honneur ! Mais qu'avez-vous fait pour mériter cet excès de confiance ? Et depuis que vous dirigez le vaisseau de l'état, nous avez-vous donné des preuves de désintéressement, de sagesse et d'habileté suffisantes pour capter nos suffrages, et pour nous commander une aveugle confiance ? Qu'avez-vous fait du crédit public, de la prospérité de notre commerce, de l'honneur national ? Nous vous avons vu sacrifier l'intérêt général à la passion du pouvoir ; l'indépendance, l'avenir du pays peut-être, à de mesquines considérations d'ambition personnelle ; et vous voulez qu'aujourd'hui nous vous croyions sur parole, quand vous nous parlez le langage du désintéressement et de la probité ? Electeurs, rappelez-vous toutes ces promesses mensongères, formulées avec toutes les apparences de la bonne foi, et qui se sont évanouies aux premières avances du pouvoir. Le candidat qui sollicitait vos suffrages, vantait son indépendance, la fermeté de son caractère et la fixité de ses principes ; à l'entendre, jamais il ne devait accepter de faveurs, jamais il ne voulait porter les livrées ministérielles : vous l'avez vu à l'œuvre, et que sont devenus ses serments ? Comme une nuée légère se dissipe et s'évapore aux premiers souffles de la tempête, comme les ombres s'enfuient et s'évanouissent aux premiers rayons du jour, comme le fleuve rapide se perd et disparaît sans retour au sein des mers, de même s'oublient sans laisser de tracès tous ces engagements solennels redits avec emphase à toutes les fois qu'on vient solliciter vos suffrages et réclamer votre confiance. Montrons-nous aujourd'hui plus exigeants et moins dociles que par le passé. Réclamons un programme où chacun expose franchement ses convictions, ses craintes et ses espérances. Le mandat impératif serait une déception, une impossibilité sans doute ; mais il est des questions sur lesquelles il devient obligatoire : telles sont celles qui touchent à la liberté de l'enseignement, à l'écomie dans les dépenses publiques, à l'honneur national : sur ces matières, il n'est plus temps de s'en tenir à de banales théories , il faut un exposé clair, net, précis, signé du candidat, qu'on puisse lui rappeler au besoin, ou lui jeter à la face, s'il le foule aux pieds et le sacrifie à ses intérêts personnels. Il faut que l'homme d'honneur puisse le rappeler à ses commettants ; que le caractère faible et trop facile puisse s'en faire un rempart ; que l'ambitieux y trouve un obstacle à ses projets insensés, et que l'audacieux sans principes puisse être démasqué par ses propres paroles. La législature alors pourra passer pour indépendante, et nous ne craindrons pas le retour de ces honteux échanges de portefeuilles qui ne dénotent que la soif du pouvoir et le mépris du bien être général.

Nous trouvons de plus dans la loi que vous nous avez donnée comme le fondement de nos libertés et de notre indépendance, que « Nul ne pourra être distrait de ses juges naturels, et qu'il ne sera point créé de commissions ou de tribunaux extraordinaires (charte 53, 54). » Sur ces points, veuillez vous expliquer. Comment vous êtes-vous acquittés de vos promesses ? et pouvez-vous dire que vous soyez restés d'accord avec vous-mêmes ? C'est ici de l'histoire ancienne que nous traitons : tout le monde le comprend, mais sachez que la mémoire du cœur ne s'affaiblit jamais chez les âmes bien nées, et que le souvenir d'une noble et grande action se perpétue d'âge en âge.

Les ordonnances si malencontreuses de 1830 venaient d'exaspérer tout les esprits : les têtes volcanisées par ce débordement d'accusations , dont la presse et les sociétés secrètes s'étaient faites l'écho, avaient été si bien préparées au bouleversement qui vint nous relancer de nouveau dans la voie des révolutions, qu'à peine les meneurs eurent-ils connaissance des mesures prises par un conseil inintelligent et faible , qu'aussitôt ils furent en mesure d'agir et de combattre. Un certain nombre de députés protestèrent contre les ordonnances qui devaient compromettre la paix du présent et la sécurité de l'avenir (27 juillet). Toutefois l'exaltation des esprits ayant amené des collisions sanglantes, et le feu de la guerre civile semblant devoir s'allumer avec fureur, le gouvernement crut devoir mettre Paris en état de siége : cette mesure acerbe ne fut pas de longue durée, et dès le lendemain les ordonnances ayant été révoquées, d'autres ministres ayant été désignés, cet état anormal cessait, et de lui-même le pouvoir rentrait dans la voie constitutionnelle, dont il n'avait semblé dévier, que forcé pour ainsi dire par la nature des événements et par l'opposition systématique qu'il rencontrait de toutes parts. Quoiqu'il en soit, cette concession faite à l'opinion publique, l'exil volontaire de deux rois, les rigueurs exercées contre les imprudents conseillers de la couronne, ne semblèrent pas suffisants à l'expiation d'une première faute. La liberté paraissait compromise, il fallait une réparation : un cri de réprobation, poussé par 219 députés, chassa du territoire, et relégua sur des plages étrangères cette noble famille qui avait arraché à l'Anglais toutes ses possessions continentales pour les réunir à la France, qui avait affranchi les communes, détruit la féodalité, abaissé les Pyrénées, porté ses enfants sur les trônes de l'Italie, réuni la Lorraine à son ancien domaine, et naguère encore ajouté un vaste empire à son royaume, un magnifique fleuron à sa couronne ; un gouvernement dictatorial fut établi provisoirement, et la commission municipale proclama, «que Charles X, qui n'avait » pu oublier l'origine de son autorité, et qui s'était tou— » jours considéré comme l'ennemi de notre patrie et de ses » libertés, qu'il ne pouvait comprendre, venait enfin de » cesser de régner sur la France, et que les crimes de son » pouvoir étaient finis» (31 juillet). Certes, voilà de l'énergie : et MM. Mauguin et Odilon Barrot doivent se féliciter à cette heure d'avoir su trouver dans leurs cœurs de si patriotiques expressions pour flétrir « ce gouvernement corrompu » qui n'avait été qu'une conspiration permanente contre la » liberté et la PROSPÉRITÉ de la France. »

Mais, dites-nous ? Ce qui était un crime en juillet 1830, aurait il cessé de l'être en juin 1832 ? Et puisqu'en juillet « vous étiez le peuple du monde qui méritait le mieux la » liberté : » est-ce donc que deux ans plus tard vous n'en étiez plus dignes ? Et quoi donc ! m'allez-vous répondre, nous grandissons chaque jour dans l'opinion du monde ; nous sommes redevenus l'héroïque nation, nous progressons sans cesse, et nous ne savons plus jusqu'où peuvent s'étendre et notre gloire et nos libertés, d'où vient l'étrangeté de la question que vous nous adressez ? Permettez que nous vous arrêtions un instant, dans la nomenclature fastueuse de tous vos dons patriotiques: Nous rencontrons une première ordonnance qui déclare en état de siége les arrondissements de Laval, de Châteaugontier et de Vitré: c'est une misère, convenons-en: après tout, il s'agit de deux ou trois cent mille âmes traitées en Parias ; cela vaut à peine le soin d'y songer : mais j'en trouve une seconde qui met également hors la loi les départements de Maine-et-Loire, de la Vendée, de la Loire-Inférieure et des Deux-Sèvres: voilà déjà le quinzième de la France privé de ses libertés, il semble que le pays va s'émouvoir. Bagatelles, il s'agit de la province, ce n'est pas de là que viennent les révolutions, ce ne sont que des corps sans âme ; on peut les exploiter à son gré, il n'en peut sortir que des impôts, jamais d'indépendance. Eh ! mais en étudiant avec scrupule, j'aperçois encore au milieu de toutes vos ordonnances régénératrices cette réminiscence d'une autre époque : considérant » que des attroupements séditieux se sont montrés en » arme dans la capitale,..... qu'il importe de protéger par » des *mesures promptes et énergiques* la sûreté publique, » avons ordonné que Paris soit mis en état de siége, » et le duc de Dalmatie est chargé de l'exécution de ladite mesure. Est-ce donc que vous n'aviez pas opéré une révolution pour éviter le retour de pareilles rigueurs ? Ne nous aviez-vous pas dit que vous n'aviez revisé l'article 14 de la charte de Louis XVIII précisément que pour nous mettre à l'abri de l'omnipotence ministérielle ? Mais savez-vous qu'aux termes du décret impérial du 24 décembre 1811, l'état de siége enlève aux magistrats constitutionnellement établis toute l'autorité dont ils étaient revêtus, pour la transférer au commandant d'armes, qui peut à son tour la déléguer à qui bon lui semble ? Oubliez-vous que pour tous les délits dont le gouverneur ou commandant n'a pas jugé à propos de laisser la connaissance aux tribunaux ordinaires, les fonctions d'officier de police judiciaire sont remplies par un prévôt militaire ? et que les tribunaux légalement établis, sont remplacés par les cours martiales (Art. 103.) ? Mais que va devenir la capitale du monde civilisé, et « les habitants de cette bonne ville dont vous » étiez si fiers d'être les frères en 1830 ? » Il nous semble que « cette héroïque population, qui avait déchiré le drapeau » que le pouvoir absolu voulait déployer, » va se trouver livrée au bon plaisir d'une force brutale, à moins que le gouvernement, éclairé par le passé, ne sente le besoin de rentrer promptement et de lui-même dans les voies légales. Voyons, qu'avez-vous fait ? Un accusé est traîné avec violence devant vos tribunaux exceptionnels ; il y est condamné à mort ; il se pourvoit en cassation, et l'ancien secrétaire de la commission dictatoriale du gouvernement provisoire, M. Odilon Barrot, est obligé de lui prêter l'appui de son talent et de ses souvenirs : réminiscences amères sans doute pour un cœur qui avait pu rêver de bonne foi de progrès et d'avenir, et qui croyait voir le retour du despotisme ! Aussi voyez comme ses illusions déçues s'imprègnent de tristesse et de mélancolie, « Pourquoi faut-il que je vienne aujour-» d'hui, disait l'orateur, disputer à la juridiction militaire,

» non pas la tête d'un seul citoyen, mais toute une popu-
» lation ; mais la reine de la liberté et de la civilisation,
» la grande cité de Paris, livrée en ce moment au régime
» militaire, aux mandats, aux exécutions d'une juridiction
» armée, privée tout-à-coup de la grande garantie de la
» justice du pays, représentée par le jury? Comment se
» fait-il que j'aie à lutter contre cette étonnante aggra-
» vation de juridiction exceptionnelle? *Tout ce qui s'est*
» *passé n'est-il donc qu'une abstraction, un rêve?...*

« Depuis ce célèbre jugement, n'avons nous pas entendu
» des serments solennels par lesquels on s'engageait à ne
» gourverner que par les lois et pour les lois? La charte de
» Louis XVIII, dépouillée de son article 14 n'est-elle pas
» devenue la *charte vérité* dont on ne peut plus se jouer,
» et qui défend de méconnaître les garanties des citoyens?
» Enfin, *n'est-ce pas hier* qu'à la tribune on proclamait
» qu'il n'y avait plus en France d'autre despotisme que
» celui de la loi? »

Eh! sans doute, vous l'avez dit et juré, que vous ne vou-
liez plus de lois exceptionnelles ; plus de priviléges, plu-
d'anomalies choquantes, plus d'absolutisme ; vous l'avez
répété mille fois et consigné dans les annales de nos libertés,
dans le code de nos droits constitutionnels. Plus d'exceptions
révoltantes: et cependant, n'avez-vous pas sollicité, réclamé avec chaleur, une loi de disjonction qui devait trans-
former la noble chambre en cour prévotale? Plus de privi-
lèges ; et pourtant ne maintenez-vous pas l'intolérable
usurpation universitaire? Ce criant abus qui ne repose que
sur un décret despotique contraire à tous les précédents, un
opposition flagrante avec vos promesses. Plus de contradictions révoltantes, et néanmoins ne vous voyons-nous pas à
l'œuvre chaque jour, démentant par vos actes les grands
principes que vous avez établis, les magnifiques théories
que vous avez développées? Plus d'abus de pouvoir ; vous
l'aviez promis: et que voyons-nous? La richesse publique
dilapidée, gaspillée de la manière la plus audacieuse pour
tenter d'embastiller Paris avant d'avoir obtenu le vote législatif qui devait sanctionner une aussi prodigieuse tenta-
tive, un aussi gigantesque projet? Votre âme candide et
pure s'indigne à la vue de ces mesures liberticides ;
votre cœur s'émeut, votre regard s'anime, votre voix
tonne et fulmine, votre éloquence grandit et s'empreint
des couleurs les plus sombres ; vous n'êtes plus libre de
maîtriser votre indignation, et dans votre légitime courroux
vous allez jusqu'à dire. « Que ce sera dans les actes de la
» *convention*, dans les décisions de cette assemblée qui

» pesa si cruellement sur la France, que vous trouverez
» la qualification des criantes prétentions du pouvoir, pré-
» tentions d'autant plus iniques, qu'elles sont persévé-
» rantes, tandis que la législature révolutionnaire décida :
» que *tous tribunaux militaires qui avaient jugé des indi-*
» *vidus non militaires avaient statué révolutionnairement,*
» et qu'il y avait lieu d'annuler leurs décisions. »

La convention du moins, revenue de son délire, rentrait
d'elle-même dans les sentiers de la légalité; mais vous,
comment y êtes-vous revenus, et qui vous a fait renoncer à
vos audacieuses illégalités? N'est-ce pas parce que la cour
suprême a flétri votre conduite, en décidant que les art. 54
et 69 de la charte révisée avaient aboli les commissions
extraordinaires, et confié aux jurys les délits de presse et
les délits politiques? Ainsi vous n'avez pas même le triste
mérite d'avoir reconnu vos erreurs, et malgré que la lu-
mière vous vînt de toutes parts, vous avez refusé de voir
le jour, tant vos instincts vous entraînaient à votre insu
dans les voies exceptionnelles.

Il est donc vrai que vous ne pouvez rien pour la liberté,
parce que vous ne savez pas supporter le joug d'un pouvoir
légitime. A l'ordre établi, à la hiérarchie des pouvoirs, à
la surbordination légale, il vous plaît de substituer les ca-
prices de votre imagination, les rêves de votre esprit en
délire, les fantasques conceptions d'un libéralisme irréflé-
chi. Vous attaquez tous les principes, vous sapez toutes
les vérités les mieux établies et les plus infaillibles, vous
conseillez les excès, vous préconisez le vice, vous louez
hautement l'insubordination, vous couronnez la forfaiture;
vous divinisez la félonie, et puis, quand vous êtes au pouvoir,
lorsque les rênes de l'état sont en vos mains débiles, vous
proclamez l'ordre, la sainteté du pouvoir, la nécessité de
la dépendance, le respect des institutions humaines et la
légitimité du commandement: vous faites ressortir avec
adresse et talent les charmes de l'union, les bienfaits de la
paix et de la concorde, les précieux avantages de la soumission et de la déférence aux lois de l'état: vous invoquez la
puissance du destin, vous en faites votre Dieu tutélaire,
sans songer que c'est demander la vie à un mort, des
secours à celui qui n'en peut donner, et *provita rogat mor-*
tuum, et in adjutorium inutilem invocat (SAGESSE). Eh
quoi! n'êtes vous pas las d'exploiter ainsi la crédulité publique, et ne pensez-vous pas que l'opinion venant à s'é-
clairer, elle fera justice de vos travers et de vos erreurs?
Ne voyez-vous pas dans l'avenir le pinceau de l'historien
vous peignant des couleurs les plus sombres, et la posté-

rité maudissant votre passage aux affaires? Depuis 1789 ,
que vous vous disputez la puissance, enfantant l'anarchie
sans pouvoir étendre la liberté, qu'avez-vous fait pour la
grandeur du pays? Ecoutez l'historien de Néron analysant
en quelques lignes les bienfaits de vos théories nouvelles.

Au début de votre carrière législative, on vit la France
en proie à des malheurs inouïs jusqu'alors, ou dont les
semblables étaient oubliés depuis des siècles. Des villes
renversées, d'autres décimées, les contrées les plus fertiles
revagées par l'incendie, les temples consumés, la religion
profanée, le régïcide flétrissant les maisons les plus illustres,
les mers couvertes d'exilés, les rochers teints de sang, des
cruautés plus affreuses dans la capitale; la noblesse, les
biens, l'acceptation, le refus des honneurs devenus des
crimes, la vertu une cause infaillible de mort, les délateurs
en possession de récompenses aussi odieuses que leurs
forfaits, puisque les uns jouissaient comme de dépouilles
légitimes des richesses et des dignités, tandis que les
autres, maîtres de la puissance publique, se croyaient le
droit de tout faire et de tout renverser. La haine et la terreur
suscitant les subordonnés contre les maîtres, les petits
contre les grands, et au défaut d'ennemis, les amis contre
les amis. Et c'est ainsi que se passèrent de longues années,
fertiles en combats atroces, en séditions cruelles, en événements funestes, la paix elle-même ayant aussi ses fureurs,
*Opus aggredior plenum variis casibus, atrox prœliis
discors seditionibus, ipsâ etiam pace sœvum* (Tacite. Annales, liv. 1. § 2.). Et vous ne comprenez pas encore votre
néant et votre impuissance? Et vous vous obstinez à nous
vouloir guider malgré vos profonds égarements, au mépris
de nos incessantes réclamations, et alors que vous aperce-
vez l'abîme s'entrouvrir sous vos pas? Eh quoi donc!
électeurs, voulez-vous plus long-temps contribuer à la
ruine du pays, à l'humiliation du drapeau, à l'annihilation
de la France? Avez-vous résolu d'accroître le déficit qui
conduit à la banqueroute, et consentirez-vous à confier de
nouveau en des mains inhabiles la direction des affaires,
l'avenir de la patrie? Songez-y bien, il y va de votre repos,
de vos richesses, de votre grandeur, de votre prospérité
commerciale : ces considérations valent la peine que vous
pesiez mûrement vos choix; si vous éprouviez de l'incer-
titude sur la valeur et le mérite des candidats qui sollicitent
vos suffrages, rappelez-vous ces nobles paroles du fonda-
teur de nos libertés naissantes, de celui à qui vous avez
fait si cruellement expier la confiance sans borne que vous
lui aviez inspirée.

« Le roi appelle au droit d'être élu pour député tout
» individu propriétaire ou non; c'est par ses qualités per-
» sonnelles, c'est par ses vertus dont il est comptable envers
». le pays, qu'il sera digne de confiance; le plus *estimable*
» sera toujours celui qui méritera le mieux les suffrages
». universels. »

Vous avez la prétention de nous rendre libres, dites-
vous; vous n'avez révolutionné le pays depuis un demi-
siècle que pour parvenir à ce but et nous restituer nos
franchises primitives ! Mais, est-ce donc que vous connaissez la liberté, et êtes-vous en position de nous l'oc-
troyer avec toutes ses conséquences raisonnables et légitimes? Est-ce que vous n'êtes pas dominés par ce profond
sentiment d'orgueil qui ne sait pas tolérer un droit qui le
gêne et l'offusque, une licence qui le blesse et l'inquiète?
N'êtes-vous pas de la race de ces opposants qui n'ont jamais
su que renverser et détruire, sans pouvoir réédifier et
conserver? N'êtes-vous pas de cette secte turbulente qui,
dans le seizième siècle, vint flétrir le germe d'un avenir
brillant, en jetant au milieu de l'Europe ce brandon fatal
qui devait long-temps l'embraser, et qui, lors même qu'il
semble éteint, soulève et fomente encore des préventions
et des haines capables de le rallumer de nouveau? Vous
nous promettez la liberté, et quelles sont donc les concessions que vous nous avez faites depuis que vous êtes en
position de nous en accorder? Si vous en avez perdu le
souvenir, voulez-vous que nous vous les remettions en
mémoire?

Pour vous donner des airs de popularité, pour gagner des
suffrages, et dans le but sans doute de saper le pouvoir
établi et de faire prédominer vos décevantes doctrines, vous
aviez, au début de votre carrière, promulgué la liberté de
la presse : tant que vous en eûtes besoin, tant que vous
pensâtes qu'elle était votre auxiliaire et qu'elle favorisait
vos passions effrénées, vous la soutîntes, vous l'encoura-
geâtes, vous la poussiez vous-mêmes dans la voie du désordre et de l'infamie. Mais les temps ont changé ; la
monarchie s'éteint, l'autorité royale, sapée jusque dans ses
fondements, ne vous fait plus d'ombrage ; le pouvoir réel est
passé dans vos mains. A ce moment solennel, voyons votre
langage, et sachons si votre conduite est d'accord avec ces
magnifiques promesses que vous nous aviez faites : « L'as-
» semblée nationale décrète qu'on poursuivra comme cou-
» pable de lèse-nation tous auteurs, imprimeurs et colpor-
» teurs d'écrits excitant le peuple à l'insurrection contre les
» lois, à l'effusion du sang et au renversement de la consti-

» tution, et notamment la feuille intitulée : *C'en est fait de nous* » (31 uillet 1790.). C'est-à-dire, que la presse vous convient tant qu'elle peut servir vos projets, favoriser votre ambition, couvrir vos désordres et renverser vos adversaires. Mais à peine, grâce à ses calomnies et à ses déportements, avez-vous conquis le pouvoir et dompté la puissance qui s'opposait à votre fureur, qu'aussitôt votre instinct despotique l'emporte, et vous pousse à ravir aux autres ce droit que vous aviez si chaudement réclamé, si vivement défendu. Parcourez vos annales, elles sont remplies de vos inconséquences, et dénotent presqu'à chaque page votre haine de la liberté en même temps que vos fureurs insensées et vos décevantes promesses. Le 29 mars 1793 ; vous menacez de mort « quiconque sera convaincu d'avoir com-
» posé ou imprimé des ouvrages qui provoquent la disso-
» lution de la représentation nationale , le rétablissement
» de la royauté, ou de tout autre pouvoir attentatoire à
» la souveraineté du peuple. »

Voyez combien ce texte est élastique et souple, combien il prête aux vexations et aux rigueurs ; mais est-ce donc que vous ne vous reconnaissez pas à l'œuvre ? Est-ce que, depuis, vous n'auriez point par hasard imité et copié cette loi d'exception ? Est-ce que vous avez changé ? est-ce que , sortis du même moule, vous pouvez avoir d'autres formes ? Votre historien l'a dit, et son comparse, son antagoniste et son émule l'a répété depuis à la tribune. La nécessité , telle est la loi définitive : il faut qu'avant tout le pouvoir se conserve, qu'il soit tyrannique ou légitime, sanguinaire ou pacifique, peu importe, la loi de sa conservation devient sa loi suprême : *Lex imperii , suprema Lex.* Le 27 germinal an 4, pareilles rigueurs étaient infligées contre tous ceux qui, « de quelque manière que ce fût, se rendraient
» coupables, par leurs écrits, de crimes contre la sûreté
» intérieure de la république. » C'est toujours le même système, parce que ce sont toujours, ou les mêmes hommes, ou les mêmes idées qui prédominent. Ceux-là, qui n'ont pas pris part à nos premiers troubles ont du moins été élevés à la même école que celle qui avait façonné leurs devanciers, la haine des pouvoirs légitimes et bienveillants, et le mépris de la liberté, quand ils sont parvenus au triomphe de leurs principes. Mais continuons de développer vos théories progressives ; elles vous dévoilent et vous mettent à nu, car vous ne cesserez jamais d'être ce que vous avez été toujours. « Les journaux, les autres feuilles périodiques,
» et les presses qui les impriment, sont mis, pendant un an,
» sous l'inspection de la police, qui pourra *les prohiber*

» aux termes de l'article 355 de l'acte constitutionnel. »
(19 fructidor an 5.) Cette fois, il en faut convenir, plus de
catégories révoltantes et passionnées : la presse tout entière
est confondue dans le même sentiment de réprobation : s'il
y a de l'odieux dans cette conduite, on y rencontre au moins
l'égalité, et sous ce rapport, il y a justice uniforme, ou plutôt
tyrannie générale. Cette mesure néanmoins ne pouvait être
de longue durée, car si elle détruisait les forces ennemies,
elles paralysait les vôtres ; et sous ce rapport elle pouvait
nuire à vos projets, amoindrir votre influence et attiédir
vos partisans. D'ailleurs, la publicité était un besoin de
l'époque, et quoique les écrits périodiques fussent alors et
moins nombreux et beaucoup moins répandus que de nos
jours, cependant leur suppression ne pouvait être de longue
durée, tant on était avide de nouveautés et de scandales.
Mais que faites-vous alors ? Vous en revenez à votre ancien
système ; vous donnez la vie à cinq ou six journaux, et vous
tuez tous les autres ; et encore placez-vous sous la surveillance spéciale du ministre de la police ceux à qui vous
donnez l'être (27 nivôse an 8.). Eh ! n'allez pas dire que vous
n'êtes pas comptables de ces actes arbitraires ; car toutes
les fois que vous l'avez osé ou pu faire, vous avez suivi la
même marche, vous avez repris vos allures naturelles ?
Voyez plutôt depuis 1830 ! Un crime affreux, un attentat
horrible, qui arrache à tous les partis un cri de réprobation
et d'effroi, vient épouvanter de nouveau la société, et lui
révéler le danger des doctrines perverses, et les tristes
conséquences de l'immoralité et de l'irréligion. Que faites-
vous à ce moment suprême ? Vous attaquez la presse, vous
la voulez censurer ou étouffer, je ne sais ; mais toujours
est-il que vous promulguez cette loi célèbre, appelée le code
de septembre, que vous exploitez à cette heure avec une
intelligence et une opiniâtreté digne d'une meilleure cause.
Vous le voyez donc, c'est toujours vous : les hommes n'y
font rien, parce que le principe prédomine, et que, sortis
de l'émeute, vous ne pouvez rien pour l'ordre et pour la
liberté.

Et que serait-ce, si nous citions ces mille lois exceptionnelles, tyranniques, véxatoires et sanguinaires qui,
durant de longues années, ont pesé sur la France ? Ces
proscriptions révoltantes, ces exécutions monstrueuses, ces
accusations mensongères, ces spoliations iniques et bar-
bares, ces atrocités qui révoltaient la nature, ce dégoûtant
cynisme qui vous ravalait au-dessous des êtres inintelli-
gents et bruts ; toutes ces scènes hideuses d'un sans-culot-
tisme dégradant qui vous avait rendus la risée de l'univers :

mais nous ne voulons pas vous rappeler ces tristes souvenirs, car nous pensons que pour quelques-uns d'entre vous, ils doivent être trop amers? Maintenant que le feu des passions, que l'ardeur de la jeunesse s'est amoindrie, nous sentons que le remords a pu pénétrer dans vos âmes, et que des nuits sans sommeil vous agitent parfois sur votre couche brûlante. Il nous semble que durant l'horreur de ces nuits profondes, à cette heure où tout sommeille dans la nature, la terreur et l'épouvante se glissent parfois dans vos cœurs, et qu'au moment où les ombres des victimes que vous avez immolées viennent à vous effleurer à ce moment solennel, vous devez sentir comme le froid de la mort saisir tous vos membres et glacer votre courage. *Cum spiritus presente transiret, inhorruerunt pili carnis meæ.* Encore quelques jours, et votre puissance s'évanouira sans retour, et vos grandeurs s'éclipseront, et vous disparaîtrez à jamais; trop heureux si votre abjection peut couvrir votre mémoire. Et, du reste, voulez-vous savoir comment l'antiquité a dépeint vos semblables, leur orgueil, leur néant et leur rapacité? Ecoutez-la, et sachez ce que vous êtes: l'homme sans principe s'empare de l'héritage du pauvre et de l'ami de l'ordre, il lui ravit son honneur et l'épouvante encore de ses menaces : à l'orphelin, il arrache sa brebis, et ravit à la veuve la chèvre qui la faisait vivre; il accable le faible, et veut opprimer ceux qui ne sont qu'honnêtes et sans défense: il moissonne le champ qui n'est point à lui, et vendange la vigne de celui qu'il opprime et violente : il arrache au malheureux jusqu'à sa dernière dépouille, et il ne lui laisse pas même de quoi s'abriter durant les frimas et les hivers; mais, enfin, le temps révèle ses iniquités, la terre s'élève contre lui, et d'immenses cris de réprobation le signalent à la vindicte publique; *Terra consurget adversus eum.* Et c'est ainsi que vos devanciers tombèrent, aux applaudissements de la France couverte de sang, quand advint la forte épée sous laquelle vous avez servilement rampé, tant que la main qui la portait, avait à vous donner des décorations ou des dépouilles. Depuis, vous avez ressaisi le pouvoir, en nous parlant de liberté ; mais vos œuvres vous ont démasqués, et désormais, nous l'espérons, vous ne tromperez plus personne.

Vous parlez de liberté, mais êtes-vous donc assez forts pour en doter le pays? La liberté! vous ne la connaissez pas, vos actes le démontrent; et puis, dans un pays sans cesse bouleversé par des commotions volcaniques, par des ébranlements révolutionnaires, il est difficile qu'on puisse jouir d'une égalité parfaite, malgré que la loi en proclame

le principe. Le partisan sincère et dévoué de la liberté,
sait lui sacrifier ses biens les plus chers, sa fortune, ses
relations les plus douces, et jusqu'à l'avenir de sa famille.
Il est en France un parti qui vous a donné de nobles
exemples, de beaux modèles à suivre ; mais l'égoïsme vous
aveugle, et vous ne déployez votre énergie ; vous ne faites
montre de courage, qu'au moment où le pouvoir énervé
semble vous abandonner lui-même le commandement et
l'empire, en toute autre occasion, quand apparaissent d'un
côté, les privations, la pauvreté, la calomnie, l'injure,
souvent compagnes de l'indépendance et parfois l'exil et la
misère ; de l'autre, l'esclavage sous des manteaux dorés,
l'éclat, les honneurs, les titres et les rubans, oh! alors,
vous courez à la servitude avec un incroyable empressement, trop heureux si votre bassesse du jour peut faire
oublier votre libéralisme d'hier. *At ruere in servitium
consules, patres, eques : quantò quis illustrior tantò magis
falsi ac festinantes vultuque composito.* (Tacite).

C'est alors qu'à défaut de loi que vous n'avez pas le courage de solliciter ouvertement, vous essayez néanmoins de
faire prévaloir cette doctrine : qu'oser vous attaquer vous
et les vôtres, c'est commettre un attentat : *Sacrilegii instar
est dubitare an is dignus sit quem elegerit imperator* (cod.
de crime sacril.). Eh! combien d'exemples ne nous en avez-
vous pas donné depuis quelque temps! C'est un écrivain
attaqué, poursuivi, condamné pour avoir osé dire ou soutenir des doctrines contraires aux vôtres. C'est un journal
dénoncé et ruiné pour ainsi dire, parce qu'il s'est avisé de
fouiller dans la vie d'un administrateur pour en révéler
les turpitudes : c'en est un autre qui, ne partageant pas vos
convictions, se voit juridiquement supprimé, pour je ne
sais quelle fraude, sans conséquence, dont vous donnez
chaque jour l'exemple vous-mêmes. Est-ce donc que le pays
pourrait oublier toutes ces déceptions, tous ces leurres,
toutes ces fourberies ? Pensez-vous qu'il sera toujours dupe
de vos promesses, et assez aveuglé pour vous continuer une
confiance dont vous abusez d'une aussi criante façon? Croyez-
vous qu'il ne finira pas par discerner la vérité, et par rendre
à chacun la part d'influence qui lui est due ? Le pays veut
le gouvernement représentatif franc et sincère ; il ne peut
l'obtenir qu'avec des hommes loyaux et désintéressés ; dès-
lors, il faudra bien qu'il vous délaisse, ou c'en est fait de
sa liberté. Qu'il choisisse donc entre les deux systèmes
entre les deux principes ; d'un côté on lui crie : « *Tout Français*
» jouissant des droits civils et politiques, âgé de 25 ans accom-
» plis et payant DEUX CENTS FRANCS DE CONTRIBUTIONS

» DIRECTES est électeur (L. 19 avril 1831). On lui a dit de l'au-
» tre : *Tous les habitants*, nés français, âgés de 25 ans, domi-
» ciliés et COMPRIS AU RÔLE DES IMPOSITIONS, s'assembleront
» pour CONCOURIR à la rédaction des cahiers et à la nomi-
» nation des députés (L. 24 janvier, 1789). » Le monopole
exige : « Que nul ne soit éligible à la chambre, si, au jour de
» son élection, il n'est âgé de 3o ans, et s'il ne paie CINQ
» CENTS FRANCS DE CONTRIBUTIONS DIRECTES (art. 59). »
Le droit commun proclame : « Que tous sont indistinctement
» éligibles , qu'ils soient ou non propriétaires, leurs quali-
» tés et leurs vertus pouvant seules les rendre dignes de
» la représentation (préambule et art. 47). » Voilà pour ce
qui concerne le corps législatif. Quant à l'administration
communale, les lois nouvelles enseignent : « Que le maire
» est chargé, *sous l'autorité de l'administration supérieure*
» (c'est-à-dire du préfet), de l'exécution des lois et des
» mesures de sûreté, de la police, de la conservation et
» de l'administration des propriétés de la commune, de la
» gestion des revénus, de la proposition du budget, et que
» le conseil communal consent les baux de neuf ans, règle
» le mode de jouissance des pâturages, délibère sur les
» acquisitions, sur l'ouverture des rues, sur les actions
» judiciaires, et sur plusieurs autres objets tout aussi sé-
» rieux (l. 18 juillet 1837), que les conseillers sont nommés
» par les plus imposés aux rôles des contributions directes
» de la commune, âgés de 21 ans, dans les proportions
» d'un dixième de la population de la commune, quand le
» nombre des habitants ne dépasse pas mille (L. 21 mars
» 1831). » Au point du départ, et quand les institutions
n'avaient pas encore été faussées : « Tous les citoyens
» actifs de chaque commune, c'est-à-dire majeurs, payant
» une contribution de la valeur de trois journées de travail,
» concouraient à l'électiou des membres du corps muni-
» cipal ; les éligibles devaient payer une contribution directe
» représentant la valeur de dix journées de travail ; il y
» avait un maire, un conseil municipal, et un conseil gé-
» néral de la commune, tous les membres en étaient *nommés*
» *directement par les électeurs.* Les fonctions de ce pouvoir
» municipal consistaient à régir les biens, à régler les dé-
» penses, à diriger les travaux à la charge de la commu-
» nauté (50) ; et quand il s'agissait d'acheter , de vendre,
» d'emprunter, il fallait une autorisation du conseil géné-
» ral de la commune, homologuée par l'administration du
» département (54, 56 l. 14 décembre 1789). »
Mais ce conseil de département, comment était-il com-
posé ? « De trente-six membres élus par les assemblées

» primaires » (l. 22 décembre 1789). Ainsi, la commune s'administrait au premier degré, et quand il s'agissait d'intérêts plus graves, de dépenses qui dépassaient une administration d'usufruitier, c'étaient les délégués du département qui statuaient en dernier ressort, et de la sorte, il y avait une indépendance réelle et sérieuse. Aujourd'hui, vos conseils généraux délibèrent et n'arrêtent rien, et leurs délibérations, pour avoir quelque valeur, ont besoin de la sanction du ministre ou du préfet, c'est une illusion d'optique ; au fond, ce n'est rien qui puisse satisfaire une légitime ambition (l. 10 mai 1838). « Autrefois, les administrations de » département, quant à l'*expédition des affaires particu-* » *lières*, n'avaient pas besoin d'une autorisation spéciale, » elle n'était nécessitée que pour les intérêts d'ordre général » (sect. 3, 5). » Si donc on supprimait les états provinciaux, et les assemblées inférieures, on n'osait pas encore priver les communautés de ce pouvoir réel qu'elles exerçaient depuis des siècles, et qui avait puissamment contribué à l'union et à la grandeur de la France. Mais voyez à cette heure ce qui vous reste de vos anciennes attributions.

A cette époque, le pays jouissait d'une telle liberté, que les écrivains les plus éhontés pouvaient, sans inquiétude de poursuites, développer les théories les plus anti-sociales, les principes les plus pernicieux. Le monarque, aveuglé par une douceur inaltérable, semblait vouloir faire prédominer cette admirable maxime d'un des plus grands princes qui aient porté la pourpre impériale : « Si quelqu'un parle mal » de notre personne ou de notre gouvernement, nous ne » voulons point le punir. S'il a parlé par légèreté, il faut » le mépriser ; si c'est par folie, il faut le plaindre ; si » c'est une injure, il faut lui pardonner ; *Si ab injuriâ* » *remittendum* (*L. c. si quis imp.*) » Quelle incommensurable distance de ce langage à la loi d'attentat ! Si donc, électeurs, vous voulez réellement le gouvernement représentatif et ses franchises, c'est à vous qu'il appartient de choisir entre les deux systèmes. Ici, le droit commun ; là, le monopole : d'un côté, et aussi étendue que possible, cette liberté qui permet les améliorations ; de l'autre, ces concessions mesquines qui semblent quelque chose en apparence, et qui n'offrent rien de sérieux qu'un titre éblouissant : au début de la carrière, des idées larges et libérales, des projets merveilleux, et quelques lois d'un intérêt incontestable ; aujourd'hui, des promesses, des illusions, des phrases éclatantes, et en réalité, des impôts toujours croissants, un déficit s'élargissant sans mesure, et des concessions dont quelques esprits peuvent s'enorgueillir, malgré qu'elles aient été flétries par la législature : il y a cinquante ans, des passions effrénées, des haines cruelles, des vengeances atroces, le triomphe de la licence enfantant la barbarie et ses hideuses conséquences ; de nos jours, la scène amoindrie n'offrant plus à l'œil attentif que le spectacle de vanités ridicules, de fatuités présomptueuses, de bouffissures enflées de leur néant : aux premiers élans de la révolution, le sang coulant à flots, et les têtes royales abaissées au-dessous du crime, roulant sous la main du bourreau effrayé lui-même de sa mission nouvelle, mais du moins la patrie n'étant pas humiliée, et le noble roi, du lieu de son exil, pouvant écrire : « Je ne confonds pas M. » Bonaparte avec ceux qui l'ont précédé. J'estime sa valeur, » ses talents militaires, et je lui sais gré de plusieurs actes » de son administration. » A cette heure, les grandeurs royales attaquées et poursuivies errantes au sein des populations étrangères, révèlent vos présomptueuses espérances, et si la paix n'a pas été troublée, le pays en sait la cause, et l'histoire en redira le motif. A vous donc de choisir, électeurs, puisqu'en vos mains reposent les destinées de la France ; mais si vos élus viennent accroître les charges publiques ; s'ils vous refusent ces sages concessions que promet la charte et que vous revendiquez comme un droit ; s'ils avilissent la noble mission que vous leur aurez confiée : Souvenez-vous alors des hommes d'honneur et des gens de conviction, si parfois il en est temps encore ! ! !

E. M. L.... y.

Nantes, Imp. d'Hérault, rue de Guérande.